La Dominati

Anna de Noailles

Alpha Editions

This edition published in 2024

ISBN : 9789362994905

Design and Setting By
Alpha Editions
www.alphaedis.com
Email - info@alphaedis.com

As per information held with us this book is in Public Domain.
This book is a reproduction of an important historical work. Alpha Editions uses the best technology to reproduce historical work in the same manner it was first published to preserve its original nature. Any marks or number seen are left intentionally to preserve its true form.

Contents

I	- 1 -
II	- 7 -
III	- 16 -
IV	- 24 -
V	- 29 -
VI	- 31 -
VII	- 37 -
VIII	- 44 -
IX	- 50 -
X	- 53 -
XI	- 59 -
XII	- 66 -
XIII	- 71 -
XIV	- 77 -
XV	- 81 -
XVI	- 87 -
XVII	- 97 -
XVIII	- 102 -

I

Antoine Arnault riait doucement de plaisir en regardant devant lui l'azur du soir, où chaque marronnier semblait un jardin solitaire et haut.

A demi couché dans la grêle voiture qui le conduisait le long de l'avenue, satisfait, il pensait à soi.

Il se sentait en cet instant le cœur léger et libre. La vie devant lui était si belle qu'il la prenait dans ses deux mains, lui souriait, la baisait comme un visage.

Il avait vingt-six ans. Le second livre qu'il venait d'écrire le rendait célèbre, et, las d'une liaison qui durait depuis trois années, il avait la veille rompu avec sa maîtresse.

Ah! comme il se sentait empli de force, de plaisir, d'adresse et de mélancolie!

La tête renversée, il regardait le soleil couchant, la cime pâlie des arbres, toutes les douces formes de l'espace et il pensait :

« Il n'est pas de plus verte royauté que la mienne. Je regarde passer les hommes et je suis surpris parce qu'ils passent près de moi sans attention et sans envie. Ils ne savent pas ce que j'ai dans le cœur : s'ils le savaient, ils voudraient toucher mes mains et mes yeux pour être à leur tour enflammés. Je regarde les hommes ; je les méprise parce qu'ils sont simples, débonnaires et affairés ; ceux qui m'aiment ont assez de m'aimer sans que je les aime à mon tour… Les femmes, plus douces et plus fières, m'irritent, mais je joue avec leur secret et leur faiblesse, je sais les limites de la plus sage : le contour de leur âme est comme leur regard, tout cerné de langueur et de désir. »

Et le jeune homme se rappela le visage de sa maîtresse.

Depuis six mois il ne l'aimait plus. Un jour, il avait senti la fin de cet amour comme on sent l'abîme. Il avait lutté, non par tendresse pour l'autre, mais pour se sauver soi-même, pour ne point périr, pour arracher aux ténèbres et continuer, s'il se pouvait, tant de sensations d'adolescence, de rêverie, de confiance et de plaisir. Ce fut en vain. Cette maîtresse maternelle et ardente, dont le dévouement ne pouvait pas changer, brusquement, un matin, sans raison, lui apparut démêlée de lui, seule, soi-même, ayant à parcourir désormais une route descendante, à l'écart de la colline d'or où Antoine Arnault s'élançait. De semaine en semaine, ressentant sa déception sans compatir à l'affreuse douleur de son amie, il l'accoutumait à l'abandon, et enfin, il l'avait quittée, alléguant la nécessité de la solitude ou des voyages pour son travail.

Antoine Arnault était arrivé chez lui. Il entra, prit chez le concierge les lettres qui étaient là, une dont l'écriture ne lui était point connue, et l'autre de madame Maille, sa maîtresse.

Il éprouva, en voyant cette lettre, une tristesse inattendue, et constata ainsi, avec regret, qu'ayant laissé toute la peine à l'autre, il lui en fallait pourtant porter soi-même quelques parcelles. Il ouvrit cette lettre en montant l'escalier, la parcourut, et, arrivé chez lui, s'assit et la relut encore. L'écriture était si lasse, si sourde, si décolorée, qu'elle vacillait comme une voix épuisée : Antoine crut entendre cette voix.

« Puisque je n'y peux rien! » songea-t-il avec un peu d'emportement, comme quelqu'un qui s'est déjà, plusieurs fois, expliqué.

Pourtant, la pitié l'envahissait ; accoudé à sa fenêtre et regardant la cour de la maison, il imagina cette femme qui, tout à l'heure, tandis qu'il était sorti, venait déposer sa lettre. Il la voyait entrant chez le concierge, dans cet angle de mur froid, et demandant : « Monsieur Arnault est-il chez lui? »

La concierge avait dû répondre avec brusquerie : « Il n'est pas rentré ; il ne rentrera pas ce soir. »

Et Antoine évoquait les yeux de madame Maille, attachés sur l'épaisse et rude ménagère ; un regard qui sans doute disait : « Vous êtes heureuse, vous habitez le bas de la maison de mon ami ; vous le voyez entrer, sortir ; vous pouvez dire : il est là, ou il n'est pas là ; vous épiez sa vie ; vous êtes comme une servante humble et amoureuse… »

Antoine ouvrit la seconde lettre. Il ne crut pas bien lire, tant la surprise était forte! Il allait de l'adresse à la signature sans parcourir le texte ; cela déjà suffisait. L'homme le plus illustre de son pays, le plus grand écrivain avait tracé ces mots! Et lorsqu'il vit que, dans la lettre, à de sympathiques éloges pour son livre se joignait une invitation à venir voir à la campagne, chez lui, le grand homme, Antoine défaillit comme si l'aurore était entrée dans son cœur.

Les mille mouvements qu'il ne faisait pas l'étouffaient. Il eût voulu bondir ou s'anéantir, et, retrouvant par hasard sous sa main la lettre de madame Maille, il l'éloigna.

Sa maîtresse ne lui apparaissait plus que comme une victime étrangère, comme une petite forme humaine qui s'en va de son côté, toute seule dans la vie, selon la loi de tout destin, comme une buée d'automne qui meurt autour de nos pieds…

Ne pouvant se résoudre à passer seul une si émouvante soirée, Antoine alla demander à dîner à son ami Martin Lenôtre.

Il l'aimait. Il lui pardonnait ce qu'il lui reprochait, son humeur douce et les défauts de sa logique.

Martin Lenôtre, âgé de vingt-huit ans, médecin à l'hôpital Lebrun, parfaitement studieux et savant, pensait moins qu'il ne rêvait, et la science que lui-même maniait le surprenait, l'amusait, l'attendrissait comme un miracle. Né dans des campagnes vertes et mouillées, toujours nostalgique de son enfance, il faisait de la médecine avec la douceur d'un botaniste.

Les sureaux, la belladone, l'aconit, blanc et rosé dans les plaines, l'émouvaient, il se sentait troublé comme Rousseau quand il s'écrie : « de la pervenche! » comme Michelet quand il soupire : « O ma gentiane bleue! ». Il n'avait point de scepticisme, mais il riait avec une grâce naïve de ses doutes ou de ses affirmations. Ce qui n'était point des actes ne lui semblait pas nécessaire, ni important, ni sûr : les paroles étaient le délassement de sa vie énergique et brave.

Lorsque à vingt-sept ans Martin Lenôtre s'était marié, Antoine avait craint de moins le voir. Pourtant leur intimité ne s'était pas trouvée modifiée. Antoine s'amusait seulement de la gravité nouvelle de son ami, qui, uni à une jeune femme insensible et lasse, vénérait en elle tout l'ardent secret féminin.

Ce soir-là, les deux jeunes hommes, après le repas, craignant de fatiguer madame Lenôtre, achevèrent dehors la chaude soirée.

Ils allèrent s'asseoir dans un des cafés étincelants et bocagers du Bois de Boulogne.

« Tout à l'heure, songeait Antoine, je révélerai le secret de la lettre reçue, d'une glorieuse relation... »

Mais déjà Martin l'entretenait d'un professeur, dont la découverte en chimie bouleversait la science, et, offensé que le génie des artistes ne fût pas la seule idole, Antoine se taisait, sentait diminuer son bonheur.

Avec douceur et avec de bienveillantes remarques, Martin Lenôtre observait les hommes et les femmes assis dans ce jardin, autour des tables. Antoine les regardait et pensait :

« Tous ces hommes me paraissent ordinaires ; ils sont, dans cette soirée d'été, sous les lumières, près de la musique, un troupeau las qui se repose... S'il y en a parmi eux qui possèdent une qualité primordiale, une force, elle est sans doute annulée par un défaut qui l'immobilise. Il n'y a que moi de jeune et parfait. »

Antoine regarda les femmes. Il les trouvait impérieuses, arrogantes, satisfaites d'elles-mêmes dans leurs toilettes luisantes et tendues, sous leurs chapeaux de fleurs, avec leur air volontaire et restreint. Mais il les regardait aussi avec sympathie, « car pourtant, pensait-il, elles meurent dans nos bras de désir et de plaisir!... »

Il évoquait leurs tendres plaintes ; il les voyait toujours incomplètes, insatisfaites, penchantes, achevées seulement par les caresses des hommes.

« Le bonheur, pensait-il, qui pour nous est l'ambition, la connaissance, l'analyse et la puissance sur les hommes, c'est nous qui pour elles l'avons dans nos mains, qui le donnons et le reprenons. Que possèdent-elles dont elles soient fières, et qui ne se plie à la servitude de l'amour? Leurs longs cheveux qui dans l'Histoire semblent royaux, qu'Ophélie morte laissait traîner derrière elle sur l'étang noir, que la reine Bathilde tressait en deux nattes brillantes comme les belles cordes des navires, quel amant impatient ou jaloux ne les froissa, pour renverser plus vite, sous des lèvres avides, un visage qu'il voulait honorer ou meurtrir... »

Et tandis que Martin fumait, causait un peu, Antoine lui répondant négligemment, continuait sa rêverie.

« Oui, pensait-il, toutes les femmes, toutes ces princesses de la terre, elles ne peuvent que plaire, et, si elles ne plaisent point, elles sont mortes : voilà leur sort. Elles n'ont pas d'autre réalité que notre désir, ni d'autre secours, ni d'autre espoir. Leur imagination, c'est de souhaiter notre rêve tendu vers elles, et leur résignation c'est de pleurer contre notre cœur. Elles n'ont pas de réalité ; une reine qui ne plairait point à son page ne serait plus pour elle-même une reine...

» Les femmes, concluait-il, ne me font pas peur ; je goûte et je cherche en elles ce que les autres hommes n'estiment pas suffisamment : leur confusion et leur douceur. Mon esprit, ma curiosité, la richesse et la sécheresse de mon intelligence sont sur elles comme des doigts légers et adroits. Que m'importent leurs durs regards, leurs vaines et frivoles paroles, leur précieuse pudicité? Je tiens leur âme renversée sous mon cœur ; je sais que la musique des violons le soir, le chant du rossignol, le clair de lune et la chaleur de leur propre corps les possèdent comme nous les possédons, tendres victimes qui s'affolent, courbées sous tout l'univers. »

Martin, en souriant, fit remarquer à Antoine un jeune homme et une jeune femme qui, venant s'asseoir à une table voisine, avaient amené leur petite fille de huit ou neuf ans. La lumière suspendue à la branche d'un arbre tombait sur la figure de l'enfant, reculée dans une grande capeline de broderie. Elle avait cet air indifférent des enfants doux, riches et bien élevés.

Antoine Arnault un peu touché, regardait cette petite fille. Il la regardait avec bonté et amusement, et il dit à Martin :

— Martin, cette sage petite fille m'enchante, parce qu'elle semble très timide et très soignée, et, par ses parents, sa fortune, sa délicatesse et son bien-être, préservée de tout l'univers ; et parce que, tout de même, il faudra bien qu'elle soit un jour instruite et coquette, rusée, éperdue et désespérée, perverse et lâche, et, finalement, sans plus aucune, sans plus aucune candeur...

Et comme Martin voulait doucement s'indigner, Antoine Arnault, l'interrompant, lui fit part de la lettre reçue, de sa prochaine villégiature chez l'écrivain illustre.

Martin le félicita. Toute la grâce de son cœur, toujours visible dans son regard, rayonnait. Mais il ajouta : « C'est un esprit qui ne me plaît point. »

Il était tard. Les deux jeunes hommes se levèrent et traversèrent le Bois, se dirigeant vers Paris.

La nuit, entre les branches noires, découvrait son visage mystérieux.

Antoine Arnault se taisait : il se sentait seul et sans joie. Martin se réjouissait du ciel étoilé, de la connaissance qu'il avait des astres, des progrès de la science.

Et Antoine pensait :

« La science qui enivre mon ami, je l'ai connue, je sais tout d'elle, et maintenant nous sommes, elle et moi, comme deux époux qui ne prennent plus de plaisir ensemble : elle n'ajoute rien à ma volupté... »

Martin, reconnaissant du bel été, des proches vacances, dans son cœur religieux bénissait des dieux inconnus.

Mais son compagnon songeait :

« Nuit, rameaux bruissants, Nature, vous n'êtes que dans ma pensée, je vous crée, je vous possède, mais, ô douleur! je ne serai plus et vous serez! O maîtresse éternelle! qui ne veut pas mourir avec moi... »

De retour chez lui, Antoine Arnault, solitaire, sentait vaciller ses chances et sa vie. Il souffrait d'être le seul témoin de soi-même. Le silence et la nuit restreignaient sa faible unité.

Il savait qu'il ne dormirait pas ; il prit un livre, mais l'agitation de son cœur et l'indifférence de ses yeux l'empêchaient de lire.

Il tournait les pages, et voici, voici qu'une phrase plus brillante et plus dure se révèle et s'impose!

« César pleura lorsqu'il vit la statue d'Alexandre... »

Antoine regarde ces mots. « César pleura lorsqu'il vit la statue d'Alexandre, parce que, dit-il, je n'ai encore rien fait à un âge où ce prince avait déjà conquis la moitié du monde... »

« César pleura lorsqu'il vit la statue d'Alexandre!... »

Alors l'éclat de ces deux noms divins, ces larmes, ce qu'il y a chez le héros d'humain et de surhumain fondirent le cœur du jeune homme, exaltèrent en lui l'orgueil et l'âpre volonté.

Et Antoine Arnault, empli d'amour, pleura. Il pleura sur ce qu'il sentait en lui de force, et de passion, et de bouillonnement, tandis que la molle nuit, indifférente, sous les arbres de l'avenue continuait sa douce course...

II

Depuis plus de huit jours Antoine Arnault était l'hôte de son maître illustre, lorsqu'il écrivit à Martin Lenôtre. Assis dans une chambre claire, portant par instants, ébloui, ses regards sur la campagne, il rédigeait ainsi sa lettre :

« O douceur de la verte prairie, quand juin enivre les abeilles! Un brûlant crépitement d'ailes est suspendu aux reines-des-prés, aux trèfles fleuris, à l'angélique sauvage. Comment pourrais-je, Martin, t'expliquer cet été? L'été, c'est justement ce qu'on ne peut pas dire! Les pelouses et le ciel font deux amoureuses haleines. Chaque arbre est content du monde. Dans cette satisfaction infinie le corbeau doucement traverse l'azur. Il n'est plus de voracité : tout baigne et tout chante… Au loin, les hauts blés remués et défaits semblent le lit de Cérès voluptueuse.

» Par des matinées incomparables, je me promène le long d'une fraîche rivière, auprès de l'homme le plus instruit, le plus noblement inspiré… Ce sont de beaux instants, Martin ; je l'écoute, je le vénère, et, involontairement, je touche le fond de son cœur et de ses moyens.

» Ah! me dis-je, voici donc cet homme illustre dont l'œuvre vingt fois traduite est aussi douce à l'univers que le miel et que la paix! Son chapeau est trop large pour son front et lui rabat les oreilles… Il ne regarde pas la nature et ne regarde pas en soi-même : il est occupé de l'impression qu'il fait sur moi… Si son âme un instant s'isole et rêve, sa rêverie est d'un enfant, il apparaît puéril et vieux. Il est à cet âge où les hommes qui ne sont pas bien portants paraissent ne plus garder assez de force physique pour avoir du courage ; leur attitude est aigre et prudente ; ils attendent tout du respect qu'ils inspirent. Il parle, et bientôt ne se croit plus obligé de m'intéresser. Alors, je le considère avec un mélange de douleur et de joie, et je pense : « Le voilà, cet homme unique! » Certaines phrases de ses livres semblent faites avec la moelle même de l'enthousiasme ; il a parlé de la beauté comme Tibulle pressait contre son cœur Délia ; il a parlé de la sagesse comme Moïse ; les mots qu'il emploie pour peindre la nature sont humides et somptueux, pareils aux lourds cédrats que je vis dans les villas royales de Florence, et qui, entre les branches de leurs petits arbres, étaient glauques, lisses, allongés comme des vases parfaits. Il a parlé de l'Espagne de telle sorte que l'Espagne ne peut plus nous satisfaire ; il a décrit l'ardente Égypte, si aveuglante à midi que les pas d'un homme traînent derrière eux leur ombre comme deux lambeaux noirs ; il a chanté les plaines du Nord, d'où s'élève le soir un vol de vanneaux, et jusqu'à ces petites villes wallonnes qui, exactes, sensibles et compassées, ressemblent à un village de la lune.

» Je le regarde. Pendant que nous nous promenons, la chaleur détend et humecte son visage. Il a été aimé. Les femmes les plus précieuses de son pays l'ayant entendu nommer, lui disaient : « C'est vous, maître », avec la voix de Marie-Madeleine. Et dans des contrées lointaines, de petites filles ignorantes, sauvages et rebelles, se sont débattues sous le poids de son cœur amusé.

» Son peuple l'a aimé ; on l'a choisi et honoré dans d'importantes querelles.

» Il sait sa gloire. Quand il est seul, il écoute son nom ; son nom est autour de lui comme une présence, comme un parfum qui toujours monte et de toute part l'encense. Maintenant cet homme est si triomphant que l'idée de son tombeau lui semble encore éclatante et victorieuse…

» Pourtant, Martin, lorsque je marche près de lui, mon orgueil, loin de s'abattre, s'élève. Je m'écrie : Ah! qu'importe, je le sens bien, nul être ne m'est supérieur!

» Oui, Martin, les chants du jeune Shakespeare ne l'enivraient pas davantage que ne m'enivrent les parfums de mon cœur.

» La puissance d'enivrement, voilà le bien incomparable pour lequel rien ne nous est utile que nous-même. Dans de sombres bibliothèques, assis jusqu'après minuit, combien de fois n'ai-je pas saisi avec passion les livres les plus fameux, les plus caressés par la faveur éternelle! je prends ces beaux coquillages, je les tiens un instant contre mon oreille, et je les laisse retomber, car leur mélodie m'a appris quelque chose qui est au delà d'eux-mêmes.

» Martin, le succès que je prévois pour moi lasse déjà mon imagination. Sur quels hommes régnerais-je? Il faudrait encore que nos esclaves eussent notre propre valeur ; c'est le seul amusement.

» Je songe à l'amour. Il n'y a que l'amour qui prenne totalement notre empreinte : les femmes que nous avons fait un peu souffrir contre notre cœur gardent notre souvenir. Je me rappelle une actrice espagnole que son génie et sa passion rendaient illustre. Son amant l'avait quittée ; elle se souvenait. Ah! Martin, elle était humble et basse, et toute marquée comme une route sur laquelle un homme a marché! Ame salubre des jeunes femmes, elle boit nos fièvres, elle en reste saturée, ainsi de douces oranges, ayant aspiré les vapeurs des marais, mêlent ce venin au sucre innocent de leur chair.

» Martin, je veux vivre, je veux vivre et chanter par-dessus les monts et les eaux. Que mon jeune siècle s'élance comme une colonne pourprée, et porte à son sommet mon image! »

Lorsque Antoine Arnault eut achevé cette lettre, il la relut et en fut satisfait. Il se demandait s'il allait l'envoyer à son ami ou la joindre aux feuillets qui composeraient son prochain ouvrage. Mais comme en cet instant il se moquait sincèrement de la littérature, il l'adressa, sans en faire de copie, à Martin Lenôtre.

Puis, comme l'heure du repas approchait, il s'habilla et rejoignit son hôte. Les réunions de la journée et du soir se tenaient dans une fraîche salle boisée. Celui que l'on vénérait avait sa place près de la fenêtre ; autour de lui, ses deux filles aînées, mariées et maussades, veillaient au bon ordre de la maison ; les deux gendres, dont l'un était officier et l'autre avocat, paraissaient goûter à la gloire de leur beau-père avec cet entrain et cette vulgarité des gens qui font enfin, régulièrement, une bonne chère dont ils n'avaient pas l'usage.

La plus jeune fille du maître, qui s'appelait Corinne, et qui, âgée de dix-huit ans, était d'une beauté charmante, retenait les regards d'Antoine Arnault, lequel pourtant désespérait d'entendre sa voix ou de la voir sourire, tant elle était sage, furtive et modérée.

Aussi, privé du plaisir qu'il eût eu à s'entretenir avec elle, Antoine Arnault reportait avec amertume son attention sur le petit groupe qui formait l'entourage de l'homme illustre. Il y avait là des camarades de sa jeunesse, âgés d'une cinquantaine d'années. Les plus sots étaient avec lui familiers, et les autres trop timides. Il y avait les écrivains de quarante ans, plus vaniteux de leur métier, de leur situation, de leur futile et adroit labeur que le grand homme ne l'était de son génie. Ceux-là parlaient de la poésie, du roman ou du théâtre, avec le ton soucieux et l'assurance de personnes chargées de la conduite définitive d'un genre où elles pensent exceller.

Antoine Arnault les méprisait, fumait ses cigarettes à l'écart de ce groupe, et ne se rapprochait du grand homme que quand il le voyait solitaire. Alors, assis auprès de lui, timide et audacieux comme un enfant qui distrait un roi, il l'interrogeait à sa préférence, et la dévotion que lui inspirait ce front lumineux se mêlait de rire et d'impiété quand le jeune homme se sentait forcé d'élever la voix pour satisfaire l'ouïe affaiblie du vieillard.

Il rougissait de s'entendre prononcer à voix si haute des paroles qu'il jugeait insignifiantes et propres à le rendre ridicule, et, contrarié en même temps qu'amusé, il pensait avec impertinence : « Je parle à un homme de génie, mais je parle à un sourd. »

Quelquefois, Corinne venait s'asseoir auprès de son père et d'Antoine Arnault. Dans ces instants-là, Antoine souhaitait que, par une chance qu'il ne prévoyait pas bien, l'homme admirable l'entretînt du petit livre dont il était si fier, et pour lequel, d'ailleurs, son hôte l'avait complimenté et attiré chez lui. Mais il ne lui en reparlait jamais, et, un jour qu'Antoine avait fait allusion à un épisode qui s'y trouvait conté, il avait surpris le regard du maître distrait et insensible.

Le jeune homme eût aimé attirer l'attention de Corinne et l'éblouir. Que pouvait-il faire pour gagner sa sympathie? Généralement, il lui disait, vers le milieu de la journée « Je vais travailler. » Elle souriait et ne s'étonnait pas. Une fois, il lui dit « J'ai relu ces jours-ci tous les livres de votre père. » Elle parut plus touchée.

D'autres fois, il la taquinait, mais il n'était point habile à cela, car, dans la méfiance et l'essai, il avait l'esprit un peu rude et grossier, et il ne pouvait témoigner sa délicatesse que dans l'autorité et ce qu'il appelait en riant sa clémence.

D'ailleurs, ayant pendant quelques jours réfléchi au parti qu'il aurait pu tirer de l'amitié de cette jeune fille, il vit bien qu'il se contenterait de son indifférence.

« L'épouser, y pensais-je? songeait-il à présent. Je suis à l'âge où l'on ne limite pas la vie ; le nom glorieux que porte en outre cette enfant m'eût par moments affligé… Décidément, je n'ai rien à faire d'elle », conclut-il.

Et bientôt Antoine Arnault ne témoigna plus à Corinne que cette politesse élégante et froide qu'il était toujours fier de marquer.

Il écrivait à Martin des lettres peu à peu maussades, et s'irritait de recevoir de son ami de longues épîtres heureuses, pareilles à ces narrations enfantines des vacances, où tout prend de l'imprévu, du soleil et de la gaieté.

« Je le vois, pensait Antoine Arnault, je le vois, champêtre et correct, assis auprès des siens dans le jardin familial. Il sourit à ses parents, à ses neveux, à la vieille servante ; il tient la main d'une de ses sœurs et l'interroge avec bonté. Il n'a de rigueur et de tenue sociale que ce qu'il croit être de la bonne éducation ; mais son âme spontanée et naïve, son âme active et pure s'échappe, s'élance, porte secours, s'ébat et se mêle aux autres. Il est délicat, et pourtant rude, juste assez pour ne point s'effrayer de la rudesse : ses mains touchent toutes les mains sans s'étonner du contact…

» Cher Martin, pensa Antoine Arnault, la dureté de la vie, et ta science, n'ont point prévalu contre la douceur de ton sang et contre les histoires que ta mère te contait, assise sous le frais feuillage, quand le laurier, au soleil tombant, fait une ombre noire sur les cailloux, et que le taureau rentre à l'étable, féroce et humilié, par la porte basse.

» Ta femme est près de toi ; elle te semble charmante et inépuisable ; tu ne regardes plus qu'elle, mais, avant elle, toutes les femmes te semblaient charmantes, parce que ton cœur est respectueux. Moi, Martin, je ne suis pas, comme toi, respectueux de toute la vie ; je suis respectueux de la douleur, du malaise aimable, de l'inquiétude de tous les petits êtres qui cherchent leur providence. Les oiseaux des Iles, que Corinne nourrit dans une cage, m'attendrissent, parce qu'ils ne savent plus où est la chaleur et le bonheur ; et ils tremblent, et nous regardent. Et Rarahu aussi m'attendrit quand Loti nous dit d'elle que, brûlée de phtisie et de langueur, elle voulait « tous les marins, tous ceux qui étaient un peu beaux ». Douce animalité qui, cherchant le sens de la vie, ne trouve que le plaisir!... »

Lorsque Antoine Arnault s'était ainsi représenté les attitudes de son ami et son paisible bonheur, il songeait à sa propre enfance, à la petite ville où il était né ; à son père et à sa mère trop différents de lui ; à son adolescence délicate, envenimée de fièvres et d'insomnie, tandis qu'il faisait ses études au lycée de X... et que, blessant ses camarades par son dédain et son silence, il pleurait pourtant le soir de mélancolie, en évoquant le chant du pâtre dans la plaine... Être le maître, et le maître des plus forts et des meilleurs ; être celui qui commande et qui flatte, et qui, retiré le soir dans la solitude de son cœur, pense : « Hommes, qu'y a-t-il de commun entre vous et moi? » être celui enfin en qui chantent le plus fortement les légendes mortes et le fier avenir, voilà ce que souhaitait ce jeune David, qui, debout devant l'immense force, appelait et provoquait la Vie.

« Je n'ai point perdu mon temps, pensait Antoine Arnault comme il réfléchissait ce soir-là à son sort ; à vingt-cinq ans, un livre de moi fut bien reçu, et l'autre m'a valu l'honneur d'être ici. Ma jeunesse, mon audace, le désir et le mépris que j'ai de plaire attirent sur moi des regards intrigués. Le maître vénéré dont je suis l'hôte n'a point, il est vrai, tant de finesse qu'il puisse deviner en moi son rival, mais il goûte la forme de mon esprit et suscite volontiers ma conversation... Quant aux femmes, si je ne suis point aimé de cette petite Corinne, c'est qu'elle est sotte et insensible, et si, tout à coup, l'envie me prenait de voir un visage se troubler pour moi jusqu'à mourir, je n'aurais qu'à m'arrêter un de ces jours chez madame Maille.

» D'ailleurs, que fais-je ici? pensa Antoine Arnault avec un peu d'aigreur, car il constatait qu'il ne goûtait pas dans cette demeure la situation prépondérante qu'il jugeait seule tolérable, et que généralement la solitude lui donnait. Voici un mois que je loge chez un maître que je respectais davantage quand je ne le connaissais point ; le don qu'il m'a fait de sa présence me prive de la vénération qu'il m'inspirait ; il est mon débiteur, mais je pense écrire sur lui un petit essai aimable, sincère, aigu, et nous serons quittes.

» Était-ce, continuait-il, — car il se libérait déjà en portant son séjour dans le passé, — était-ce une vie digne de moi? Je me voyais contraint de sourire à chaque parole de mon hôte et d'être de son avis ; si je me hasardais un instant à ne pas l'être, c'était pour mieux lui rendre les armes... Les deux gendres, qui ne font pas de littérature, me considéraient comme quelqu'un venu pour bien manger, et ne cessaient d'attirer mon attention sur les mets.

» Les hommes de roman et de théâtre que je ne flattais point me regardaient comme un débutant naïf lequel cherche à se passer d'eux, mais ne saurait aller loin sans leur secours. Les deux filles mariées, apparemment de prudentes ménagères, faisaient sans doute entre elles le calcul de ce que coûterait à la famille mon séjour qui se prolongeait, et, enfin, l'aimable Corinne me voit sans en être intriguée ni troublée… »

Antoine Arnault prit la résolution de quitter la demeure illustre où il vivait depuis plus d'un mois. Après le dîner, ce soir-là, comme tout le petit groupe était assis devant la maison, près des pelouses que l'ombre envahissait, Antoine Arnault annonça timidement qu'il repartait pour Paris. Il demanda à son hôte la permission de prendre congé de lui le lendemain ; il le remerciait, avec gravité et embarras, du bonheur qu'il avait eu à partager son existence. Et, en effet, il goûtait en ce moment, avec une précieuse tristesse, la saveur de cet instant humain, la forme de cet homme que les honneurs des villes avaient rendu insigne et glorieux, et qui, dans la fraîche énigme de la nuit des jardins, n'avait de soutien que lui-même et que les tendres filles appuyées contre son cœur. Qu'était-il dans la nuit grise et scintillante? un être chétif et diminué qui va se mêler à la mort. Corinne, au travers de l'ombre qui altérait les voix, qui leur donnait un accent falot et déprimé lui demandait par instant « Tu n'as pas froid? » Il répondait « Non », comme quelqu'un qui pense au froid éternel.

Les géraniums et la verveine répandaient dans l'obscurité une odeur mystérieuse, échappée de leurs cœurs fermés. Quelque chose bougeait dans l'air, des insectes, un oiseau, un peu de vent.

Et Antoine Arnault, immobile, glacé, éperdu de rêverie et de tristesse, goûtait cette mélodie, ce silence, cet abîme, ces vies, toute la vie, et sentait monter à ses lèvres le goût du désir doux et funèbre… Il regarda auprès de lui, et vit Corinne qui était assise là il sentit qu'elle le regardait.

Il lui dit :

— Je pars demain.

Elle répondit :

— Ah! — comme un enfant qui s'est fait un peu mal.

Elle se tut, et puis demanda, en faisant effort sur elle-même :

— Est-ce qu'il faut que vous partiez demain?

Il répondit :

— Oui, — d'un ton définitif dont il fut satisfait.

Elle sentit qu'elle ne pouvait plus rien dire.

Regrettant sa brusquerie et la confusion où elle avait mis la jeune fille, il lui parla avec bonté, il l'interrogea sur ses études, sur ses occupations ; il lui donnait des conseils pour la vie, le caractère et le bonheur, — jeune professeur qui touche à l'éducation des femmes comme on corrige un devoir aimable.

Elle disait « oui » à voix basse ou bien se taisait.

Un coup de vent plus vif ayant rafraîchi l'atmosphère, on se leva pour rentrer.

Comme on se quittait, au bas de l'escalier qui menait vers les chambres, Corinne souhaita le bonsoir à son père et aux autres personnes, et affirma qu'elle ne prendrait pas froid à rester encore quelques instants dans le salon, penchée à la fenêtre noire.

Antoine Arnault la quittait à regret ; quand il se trouva dans sa chambre, il pensa à laisser la porte ouverte sur le vestibule, afin de voir passer la jeune fille au moment où elle remonterait chez elle.

Il alluma sa lampe, il prit un livre et s'assit.

Il lisait les dernières pages d'*Atala* et puis il lut *René*. Les hautes phrases mélodieuses frappaient son cœur, en même temps qu'un subtil ennui, le sentiment d'une beauté morte décomposaient son plaisir.

« Pourtant, soupirait-il, Chateaubriand! vous êtes l'orage et le héros, le pur contour et les sommets ; vous êtes le vase dans la nuée!

Un bruit de pas retentit, une robe légère remuait, la jeune fille montait l'escalier. Antoine l'attendit, le visage penché sur son livre.

Corinne en avançant vit la lumière ; elle voulut passer, s'arrêta pourtant, et, avec embarras, elle dit :

— Vous avez de la lumière...

Il répondit, s'étant levé :

— Je lisais.

Et comme elle allait se retirer, il saisit le livre sur la table, s'approcha d'elle, reprit :

— Oui, je lisais cette page émouvante : « J'étais accablé d'une surabondance de vie. Quelquefois je rougissais subitement, et je sentais couler dans mon cœur comme des ruisseaux d'une lave ardente. Il me manquait quelque chose pour remplir l'abîme de mon existence : je descendais dans la vallée, je m'élevais sur la montagne appelant de toute la force de mes désirs l'idéal objet d'une flamme future. »

Corinne l'écoutait. Elle avait un regard qui absorbait toutes les paroles du jeune homme et ne choisissait pas.

Antoine Arnault se sentit troublé par un visage si immobile et si docile, et pourtant, lorsqu'elle voulut une seconde fois se retirer, il la retint encore, et, lui montrant la fenêtre ouverte :

— Voyez, lui dit-il, comme la nuit est charmante...

Ils s'approchèrent ensemble de la fenêtre. Antoine Arnault, en contemplant l'espace étoilé, auprès de cette âme pensive, ressentait surtout la nostalgie de tous ces petits mondes brillants où il ne pénétrerait pas et ne deviendrait pas célèbre.

La jeune fille, silencieuse, dirigeait ses regards sur l'ombre, sur les étoiles, comme faisait Antoine Arnault. Elle aspirait dans son cœur la nuit déserte, où se mettent à vivre mille petites âmes froides qui sont hostiles à l'homme : l'âme du peuplier et du saule humide ; l'âme de la grenouille, de la lentille d'eau et de l'émouchet assoupi...

Elle fit un mouvement avec ses deux mains, ses deux bras tièdement parfumés, et Antoine Arnault l'observant, s'aperçut qu'elle pleurait. Elle pleura d'abord lentement, puis avec une lâche et douloureuse violence, comme un orage éclate, comme un cœur crève de poésie...

Elle avait saisi le bras du jeune homme et elle pleurait sur sa main ; elle le tenait comme quelqu'un qui se noie retient la rive, elle le serrait d'une étreinte dont la force par petits coups croissait.

Il était plein de pitié, de douceur. Il regardait discrètement et sans curiosité cette peine abondante, cette force de vie qui courait sur ce jeune visage, il eût pu dire à ces larmes : « vous pensez être douloureuses, et pourtant vous entraînez, comme un torrent d'été, de la chaleur et des fleurs, les reflets de la colline et de la lune mince, car c'est votre jeunesse et votre ardeur, ô petite fille! qui roulent sur vous comme l'eau sur de clairs galets... »

Mais il lui parlait timidement, et elle répondait : « Ah! monsieur... » en soupirant au travers de ses lourdes larmes ; et bientôt il la vit qui chancelait, épuisée, étourdie, molle et brûlante.

Il eut peur ; doucement, respectueusement, il la prit dans ses bras, — il la portait vers le lit. Si craintive qu'elle fût, elle ne se défendait pas contre cette bonté, et, en vérité, la bonté d'Antoine Arnault, en cet instant, était secourable et pure ; c'était une âme qui enveloppe une autre âme et qui lui dit : « Vivez, ma sœur... »

Il ne la touchait pas et restait éloigné d'elle. Elle, couchée de côté, regardait avec défiance, avec douleur, la longue nuit noire et brillante.

Elle poussa un soupir plus profond, éclata de nouveau en sanglots, appela le jeune homme, le regarda, prit sa main, et, de force, l'appuya sur son cœur.

Violent et chaste, ce jeune être innocent pensait que les caresses ne posent que sur l'âme ; il lui semblait qu'elle appuyait cette main sur son rêve, sur les hautes vagues de la douleur. Mais Antoine Arnault, voluptueux et curieux, les doigts glissant sur ce jeune sein, épiait, de son regard rapproché, les yeux qu'il voulait troubler ; — et la jeune fille s'arrêta de pleurer ; hostile, surprise comme un être qui entend, qui voit quelque chose qu'il ne savait point, elle tourna plusieurs fois la tête entre ses cheveux mêlés, — âme qui oscille et tente la dénégation — et bientôt Antoine Arnault, avide et penché sur elle, vit que le plaisir naissant faisait glisser toutes les lignes de ce visage, et tordait, doucement, la douce bouche enivrée… Alors, ému, reconnaissant, effrayé, généreux et satisfait, il souleva la jeune fille, il lui dit : « Allez-vous-en, je vous en prie, allez-vous-en », et, comme elle n'avait plus de force et plus de volonté, il la soutenait, la conduisait chez elle ; il l'assit, s'agenouilla, lui couvrit les doigts de baisers, lui dit « Adieu! adieu! » Et, de bonne heure, le lendemain, il partit sans l'avoir revue.

III

Étendu dans le wagon, une de ses mains délicates jetée sur ses cheveux serrés, sur la joue droite de son net et brun visage, Antoine Arnault voyait, au bord de la fenêtre, courir les paysages, les vertes têtes touffues de la forêt, et toute cette nature caressait son regard. Le soleil aveuglait. Antoine, les yeux blessés, le contemplait avec amour. « Soleil, pensait-il, c'est toi qui enseignes aux hommes le sentiment de gloire et d'élévation. Tu es le principe de l'or. Tu m'exaltes et me fais rire de ce rire qu'ont les jongleurs qui rattrapent leurs balles, car tu me défies, mais je te vaincs à force d'amour... Vois ma chaleur. Mon sang passe dans mes veines comme des gazelles qui se courbent et se relèvent. Un poète fait dire à la reine Cléopâtre : « Mes lèvres retenaient captive la bouche du monde. » Je te tiens ainsi entre mes lèvres! Quand je ne serai plus vivant, tu auras beaucoup perdu, car je goûtais et j'honorais tous tes moyens ; je sais comment, en été, au travers des volets de bois et des rideaux de perse lisse, tu extrais d'une chambre froide des mélancolies passionnées et des murmures de roses sèches. Je sais comment tu te poses sur le bord d'un chapeau de jeune fille, comment tu éclaires dans l'azur la poursuite de deux papillons délicats, qui se précipitent et tombent avec cette abrupte et rapide violence que dut avoir dans l'espace la chute des Titans. Je sais comment tu adoucis ta joue de la pêche au verger, comment tu rends limpide le silence...

» Lorsque je serai mort, tu chercheras en vain le cœur de ton amant, mon cher soleil abandonné ; mais moi je serai une parcelle de ce néant où entrent toutes choses, et ainsi j'accueillerai en moi l'Univers expirant... »

Antoine Arnault ne goûtait pourtant pas cette hautaine espérance. Le sentiment de sa mort l'affligea, il détourna ses pensées...

Sans doute le jeune homme eût trouvé triste son retour à Paris dans cette molle semaine de juillet, l'aspect de la ville, les dîners dans le court jardin des restaurants des Champs-Élysées, formés par la haie des lauriers-roses sur le bleu profond du soir, s'il n'avait eu pour se distraire le sentiment de sa notoriété, et le plaisir que lui causait la connaissance qu'il fit, chez une amie aimable, d'une jeune femme étrangère.

Antoine, familier avec elle au bout de quelques jours, car elle était précieuse et alanguie de littérature, profitait de cette saison déserte pour la voir, la connaître, la garder.

Cette jeune femme veuve lui avait plu dès l'abord, dans le salon où elle se tenait, voyante et remuante, près d'une autre jeune personne trop discrète, et, semblait-il, attentive à ne penser à rien.

En entendant nommer Antoine Arnault, elle avait ressenti une émotion véritable. Elle se sentait, en effet, comme elle le disait, confuse et fière. Étant extrêmement coquette, elle se persuadait qu'un écrivain de talent portait un remarquable intérêt à la grâce des jeunes femmes, à leurs toilettes, à leurs ruses.

« Voilà, pensait-elle, mon spectateur. »

Et Antoine Arnault, que le sérieux frivole de ce jeune être amusait, se pliait sans difficulté à sa légère autorité, à toute sa gracieuse tempête.

Dans les restaurants retirés où il l'emmenait le soir, et tandis qu'il observait la douce harmonie de son visage, de sa robe, de ses colliers, il riait de l'entendre raconter sa vie, avec une voix ardente et emportée, où l'on ne distinguait point si elle essayait d'établir la dignité de son existence solitaire ou l'évidence de ses tendres succès.

Cette nerveuse créole avait dans le cercle de ses relations une place favorisée ; on attribuait au climat de son île natale ses plaisants emportements, et on lui tenait compte d'un deuil conjugal qu'avec une facilité d'émotions multiples elle déplorait encore sincèrement.

Antoine Arnault s'amusait de voir le sang animal et sauvage affleurer sans cesse à cette fragile peau. Il riait avec un peu d'impertinence des raisonnements de la jeune femme, de ses exigences, de ses plaintes et de ses bouderies, mais pourtant s'émouvait jusqu'à la méditation quand il l'entendait souffrir, comme le jour où, le visage percé de douleur, elle avoua : « Quand je serai moins jolie je ne pourrai plus aimer que les hommes qui m'aimeront, et je préfère ceux qui ne font que me désirer. »

Au bout de dix jours d'empressement, de flâneries, de chauds et adroits soupirs, Antoine Arnault retint entre ses bras cette jeune femme folle et chancelante ; il riait, avec un âpre plaisir, de la voir secouée de tendre rage, étirer de ses deux doigts vifs sa bouche passionnée, et ressembler ainsi à un pâtre de Sicile qui, renversé, chanterait encore dans ses pipeaux...

Elle dominait le jeune homme. Ironique, Antoine contemplait en lui-même l'importance qu'il accordait en ce moment à ces aimables ébats, à la volonté et à l'humeur de sa maîtresse.

« C'est, pensait-il, que cette jeune femme nourrit mon imagination. Ses propres moyens sont faibles, mais je les transpose, et le soir, quand elle n'est que fatiguée et qu'elle bâille à la fenêtre, je crois la voir soupirer comme Doña Sol, devant l'oppressant silence de la nuit romantique. »

D'ailleurs, il essayait sur elle son caractère, il aiguisait son amertume, sa tristesse, il jouissait de la vanité un peu gonflée de son amie, et alors de considérer sa faiblesse il la regardait aller et venir, petite reine et petite esclave, qui exige la déférence pour son orgueil, et supporte la honte, pour son plaisir.

« Les femmes, songeait-il quand il cédait à ses volontés et qu'elle en triomphait trop vite, les femmes sont des colombes attachées avec un long ruban ; elles se croient libres parce qu'elles n'ont pas été au bout du fil qui les tient. »

Il n'était pas sûr qu'elle lui dît la vérité lorsqu'il la questionnait sur son jeune passé. Elle affirmait qu'Antoine était son premier amant, mais d'autres fois elle souriait et répondait avec hésitation, cherchant instinctivement à troubler davantage, à satisfaire davantage.

Et Antoine Arnault, par ce mois d'été, savourait cette maîtresse charmante avec un plaisir aigu et bien réglé, ainsi qu'il goûtait son sorbet à cinq heures, et le déploiement d'un store d'osier vert devant le soleil.

Par moments, pour délivrer sa renaissante mélancolie, il instruisait la jeune femme dans l'art de ne point jouir du présent. Au restaurant, le soir, dans l'atmosphère lasse et langoureuse, cependant qu'elle exigeait du garçon qui les servait l'intelligence la plus rapide et beaucoup d'égards :

— Voyez, lui disait-il, mon amie, comme ce moment n'est point parfaitement agréable! Je n'y jouis ni de vous, ni de cette douce nuit. Je pense au passé, à l'avenir. Ce feuillage, ces graviers, ce silence, ces laiteuses lumières, cet infini me font songer à une pareille soirée que je ne goûtais pas davantage, il y a une année. Et maintenant, cette soirée morte m'enivre, m'éblouit divinement, tandis que vous m'êtes à peine un léger ver luisant qui éclaire le gazon du soir… Pourquoi aucun spectacle n'est-il identique à soi-même, mais identique aux instants disparus! Ce jardin de cabaret, tel que vous le voyez, me rappelle encore une nuit de Constantinople, où le firmament avait cette couleur, où l'on entendait une flûte semblable à cette flûte, où une jeune danseuse de Stamboul avait comme vous un collier d'or rond et des mains qui paraissaient brûler. Ah! mon amie, ajoutait-il, comme je vous aimerai dans un an, quand, auprès d'une autre jeune femme, je regretterai sans doute ce moment-ci et ma jeunesse antérieure…

La jeune femme, ainsi attristée obscurément, cherchait dans son sac de soie un petit miroir, contemplait son visage, la richesse de son cou doré, assurait ses bracelets à son poignet, essayait de se sentir, contre ce vent de destruction, belle et doucement armée.

Et Antoine la ramenait chez elle, montait avec elle dans sa douce et chaude maison feutrée, et, sur un lit près duquel mouraient des roses, la pressait contre lui avec des larmes de solitude, froissait et frappait cette âme, comme si elle eût été la petite porte d'or du royaume du monde, où il lui fallait entrer…

Ayant relu un soir quelques pages d'*Hernani*, et ces lignes où l'Empereur s'écrie :

Éteins-toi, cœur jeune et plein de flamme,
Laisse régner l'esprit que longtemps tu troublas,
Tes amours désormais, tes maîtresses, hélas,
C'est l'Allemagne, c'est la Flandre, c'est l'Espagne!

Antoine Arnault ne pensa pas qu'il pût continuer à vivre oisivement, à s'assoupir, ainsi qu'il le faisait, entre les tendres cheveux et les mousselines nuancées de son amie.

— Je pars, dit-il à la jeune femme ; je vais aller voir une place nouvelle de la terre, la fraîche et claire Hollande où je pense fortifier mon âme. Mais je ne saurais me passer de vous, qui êtes ma tulipe jaune et blanche, et le petit moulin que j'aime au bord de la mer.

La jeune femme accueillit ce projet avec passion et frivolité. Elle décida que son ami l'accompagnerait dans la vive voiture qu'elle avait, qui, rapide comme une source, parcourait joyeusement les routes.

Craignant de la compromettre, il n'osait accepter, mais elle le convainquit qu'étant libre, elle goûterait sans danger et avec beaucoup d'orgueil le plaisir d'avouer un jeune amant déjà célèbre.

Ils partirent donc.

Ils connurent les longues journées désaltérantes, où l'air, en plein visage, est frais et bleu comme un matin qui s'éveille entre des sapins, sur la montagne. Ils connurent la différence des paysages, la force de la verdure, qui ici est vive et là penchée, les détours des rivières et les changements des habitations des hommes.

Ils connurent jusqu'à l'ivresse, jusqu'à l'étourdissement, jusqu'au malaise et jusqu'à la fatigue et l'obsession, la route blanche qui se précipite dans un arceau d'azur.

Ils s'amusèrent des villes traversées au milieu de l'intérêt et de la bonhomie des paisibles habitants ; ils goûtèrent l'accueil et l'emphase du petit hôtel éveillé où l'on passe la nuit : Hôtel de l'Écu-d'Or, hôtel d'Occident, hôtel des Rois, hôtel des Voyageurs...

Ils connurent la mélancolie des repas dans les salles à manger basses et enfermées, décorées au mur de la tête du cerf ou du sanglier ; et quelquefois, Antoine, ému de voir la jeune femme joyeuse, affairée, et toujours vêtue de soie et de ses bijoux tandis qu'il sentait son cœur descendre dans l'abîme et toucher la mort, l'embrassait avec reconnaissance et lui disait :

— Vous êtes mon âme.

Quoiqu'elle dirigeât le voyage, avec une capricieuse et déraisonnable fantaisie, Antoine exigea qu'on visitât les chemins de la Meuse, les plaines, les vallées où son pays, plusieurs années avant qu'il fût né, avait connu d'ardentes blessures.

Certes, son éducation, sa culture, son amour des mondes, jeté comme des bras autour de l'univers, sa vision d'un avenir pacifique lui rendaient hostile un étroit patriotisme, mais ici cet orgueilleux cherchait à revendiquer, à établir la suprématie de sa race.

Dès le départ, ce matin-là, sur les routes qui les conduisaient à Sedan, Antoine s'était isolé ; détaché de son amie, reculé en soi-même, il excitait son imagination.

Devant lui, près de lui, les fraîches plaines, les hauts arbres, les haies buissonneuses, dénouées et retombantes, soufflaient la verte odeur de leur énergique vie, et, tout couvert de cet émouvant paysage, Antoine Arnault, avec ferveur, s'adressait à sa patrie.

— Vous n'êtes point, ô mon amour, lui disait-il, le seul beau pays de la terre, mais vous êtes le seul qui me soit parfaitement agréable. Vous possédant naturellement, je ne puis choisir que vous. Vos collines, vos arbres, vos prairies, les lignes de vos herbes et de vos eaux ont une volonté secrète qui compose votre unité, votre forme, l'expression de votre visage, et qui compose aussi mon être. Les petits sapins de Germanie, bien rangés sur leurs routes nettes, ne peuvent pas me servir à écrire sur l'espace votre nom et le mien, tandis que les joncs élancés de l'Isère, les pins de l'Estérel, les sables amollis du Rhône annoncent également au monde notre sensibilité.

» Ah! que j'aime mon cœur et votre gloire! pensait encore Antoine Arnault, tandis que, les yeux fixés sur l'histoire de son pays, il établissait, dans l'azur, l'arche idéale qui va des premiers jours de France à la Révolution, à l'Empire.

» Oui, songeait-il, je vais te quitter encore, je vais visiter d'autres lieux, que j'ai aimés, que j'aimerai ; mais, étranger au bord des eaux douces d'Asie où passent en barques aiguës des jeunes femmes voilées, étranger sur les douces collines de Fiesole, avec quelle ardeur ne retrouvais-je pas mon pays! avec quelle impatience ne lui criais-je pas, dès avant les frontières : Viens, accours ; j'accours, ô ma terre! ton soleil m'enivre, et tes brouillards, tes buées ne me font pas peur. Tu n'es pas perfide : tes aulnes frais, tes aubépiniers aux branches étendues et les hautes mauves de tes vergers, voilà mon naturel été.

Désaltère-moi, berce-moi, vois comme les roses de Pise ont mis de brûlures sur mon cœur. »

Cependant, la jeune compagne d'Antoine, inattentive au visage de son ami, retenait autour d'elle un manteau de soie gonflé que le vent de la course lui arrachait vivement, regardait avec sévérité la poussière de la route, se sentait froissée par l'odeur des étables ou des sèches betteraves, enfin souffrait aimablement…

… Un chant de clairons éclata soudain, musique invisible, partie, semblait-il, du flanc d'une colline pierreuse, et bientôt, sous le jaune soleil, apparut, aride et brûlée, la petite ville de Sedan.

Antoine eut le cœur pressé :

« La voilà, pensait-il, la ville offensée, celle dont le nom n'est point joyeux, et déjà, dans mon enfance légère, me frappait par sa sonorité mate et brisée. C'est vous, Sedan! Ah! que j'étais allègre et libre, et voici que, dans vos rues, je porte sur mes épaules, comme un poids étouffant, la victoire étrangère. »

Antoine Arnault regardait les rues chaudes, paisibles, les maisons en pierre jaune, les unes humbles et vieillies, et d'autres, dans de petits jardins à l'écart, lourdes et ornées de balcons arrondis, d'épaisses et rudes sculptures.

« Ah! soupirait-il, je ne pense pas qu'on soit heureux ici : comme on étouffe! Oui, comme on étouffe, continuait-il tandis que la jeune femme l'ayant entraîné dans la triste salle à manger de l'hôtel, commandait le repas avec la minutie d'une personne délicate qui ne veut pas prévoir le précaire et la privation provinciale. Certes, la vie dans cette petite ville armée doit être comme par toute la terre, et, selon les heures du jour, puérile, affairée, modique et voluptueuse, mais peut-on y connaître la légère ivresse, l'insolente insouciance?… L'adolescent qui remporte un prix, le jeune homme qui presse les doigts de la jeune fille qu'il a choisie, tous ceux enfin qui montent à la vie, qui courent vers le laurier empli d'azur, ne se sentent-ils point soudain oppressés? Ah! doivent-ils dire en portant les mains à leurs tempes, qu'y a-t-il encore, qu'est-ce qui me retient et m'appelle? Quelle affaire d'honneur qui n'est point réglée? Nulle philosophie ne prévaut contre ma tristesse : la vengeance du Cid ne laisse plus de repos à mon cœur. »

Ces pensées, qui surprenaient Antoine Arnault, qui étaient pour lui nouvelles, car il avait le goût d'établir, quand il faisait des vers, que son âme était

l'éternel azur et du milieu du monde,

ces pensées l'occupèrent, s'accrurent encore pendant la promenade, lorsqu'il aperçut, au croisement de deux routes brûlantes, la maison blessée de Bazeilles.

Fraîche, petite et pauvre, maintenant apaisée, elle est là, percée de balles qui font dans ses murs, son plafond, ses volets, les battants de son buffet ciré, de petits tunnels nets et obliques, où entre, des deux côtés, la lumière.

Un ancien soldat, qui vieillit là, raconte toute l'histoire, qu'Antoine connaît bien, mais il l'écoute. Gagné par la colère, le défi, et pourtant étreint d'universelle pitié, il pense à la guerre misérable, à cet ouragan où la pierre, le fer, les murs et les maisons ne sont point solides, où c'est l'homme qui fait le plus sérieux rempart, l'homme tendre, découvert, dont le cœur est placé faiblement entre les os de la poitrine, mais qui, cassé, saignant, mourant, peut encore haïr, peut encore ôter la vie.

Oter la vie!

Antoine Arnault se sent étourdi d'un vertige qui attaque sa raison.

Oter la vie! quand l'univers se penche en pleurant sur la douleur ; quand le malfaiteur, blessé à son tour, n'est plus un malfaiteur, mais celui à qui l'on dit : « Voici du chloroforme, vous ne sentirez point qu'on extrait une balle de votre plaie » ; quand, du criminel qui expie, on demande : « A-t-il souffert? »

Oter la vie, quand il n'y a que la vie!

« Pourtant, reprenait Antoine Arnault, en regardant sur les murs les pancartes allemandes, les injonctions allemandes, je n'accepte point cela. Je n'accepte pas cet ordre du général ennemi qui établit en France le cours de l'argent étranger. Je n'accepte pas, le soir du 14 Septembre, en 1870, de ne point me montrer dans la rue ; d'éclairer mes fenêtres. Je n'accepte aucun ordre qui ne me vient de moi-même, de ce qui constitue mon unité et ma personne éternelle, je veux dire de mon pays.

» Hélas! songeait Antoine, qui m'éclairera sur ces deux nécessités de l'être : l'intelligence et la colère? L'intelligence repousse la guerre ; elle lui dit : « Tu n'es pas seulement haïssable et révoltante, mais tu es puérile, petite et difforme. Vois tes folies et ton désordre : une demi-journée d'héroïsme, quelques heures pendant lesquelles des hommes, guettant, traquant d'autres hommes comme on traque un renard, ont eu les joues chaudes, les sens aigus, l'emportement des enfants qui luttent, et les voici morts à vingt ans, dans le cimetière éternel, dans la paix funèbre du frais cyprès, des faibles roses…

» C'est fini. On ne leur porte point de nouvelles de la bataille. Ils ne sauront pas si leur pays est vainqueur. Ils sont là, et l'ennemi aussi est là, et ils reposent ensemble. Sur le champ de bataille, on ramasse les cruels jouets, fusils, clairons et couteaux, cuirasses traversées de balles, casques fendus, tous ces objets faussés, maniés par la guerre comme par la flamme d'un haut incendie...

» O jeunes hommes! dont les os nus, entassés sur la dalle froide, dans les caveaux de Bazeilles, forment une litière de roseaux durs, ne pouviez-vous point espérer de la vie un sort plus tendre? Vous n'avez rien connu, ni les loisirs, ni les beaux songes, ni l'amour ; et, si vous avez aimé le combat et votre cher héroïsme, hélas! quelle paix chez les morts! Comme il fait sombre ; et quel silence!...

» Oui, pensait Antoine, que la vie soit sainte et sacrée, qu'elle coule comme un fleuve ardent... Mais voici, cloué au mur, taché de boue, faible et froissé, le drapeau de mon pays, et je meurs si on y touche. Je dis : On ne touche point à moi ; on ne met point sa main sur mes yeux et sur ma bouche sans que je me lève et tue. O cher honneur, honneur divin!...

Et Antoine Arnault chancelait.

Et rude comme un guerrier grisé, comme un chef, vers les proches maisons du bourg il entraînait son amie.

Ah! dans la douleur et la honte, dans le courage et l'héroïsme, dans le parfum des tombeaux, qu'y a-t-il toujours de perfide, de sensuel, d'inavouable?...

IV

... Le lendemain ils reprirent leur glissant voyage, et, doucement, tandis que la frontière étonnait Antoine et faisait une raie sur son cœur, ils se trouvèrent dans les Flandres.

L'air, au milieu d'août, avait l'allègre paix, le bleu vif des matinées d'automne. Ils coururent sur des routes étroites, nettes, bordées de gentils sapins, montantes et descendantes, et que de temps en temps, en deux bonds, un petit lapin traversait. Les villages, les petites villes, où les maisons, abattues sous leurs longs toits violets s'en enveloppent, semble-t-il, comme d'une mante prudente, les charmaient par la douce construction épaisse et blanche, par le soin donné aux aimables fenêtres, voilées comme un visage de nonne, par le secret des minimes jardins enclos dans la demeure : massif de géraniums qui fleurit entre des dalles de porcelaine, auprès d'un fauteuil d'osier.

Dans l'antique Furnes, gagnés par la mélancolie mystique, ils pleurèrent l'un sur l'autre, à l'*Hôtel de la Noble Rose*, où la jeune femme pensait s'évanouir, lorsque le petit carillon de verre, toutes les dix minutes, jetait du haut du beffroi sa romance.

Ils pleurèrent dans la vieille Ypres flamande, dure tourterelle que le soleil n'échauffe pas, et Antoine, penché sur son amie, lui disait :

— O ma Vénus d'Ypres, ici et là, dans tout l'univers et partout, que nous sommes loin du bonheur!

Un soir, se tenant par la main, étrangers silencieux, ils entrèrent dans la Bruges de Charles-Quint. Ils entrèrent un soir d'août plus froid qu'octobre dans cette ville qui ne connaît pas l'été.

Au travers de l'obscure nuit commençante on devinait l'eau glacée, le désert des rues, la masse des hauts monuments, les deux maisons de bois, le cygne, le saule solitaire et penché. Antoine sentait passer sur ses lèvres et dans son cœur la paix unique, le silence dévotieux de cette royale béguine. Témoin du monde, forte et dorée, épousée tour à tour par le Flamand, le Frison, l'Espagnol et le Franc, étagée et crénelée, si fière, si parée de dentelles qu'elle fit souffrir la jalouse reine de Navarre, la voici maintenant muette, Châsse méditative, Hospice de paix et d'or, Silence dans le silence, Automne où l'air vif ne pousse devant soi que des ombres...

Impatient de la presser à son tour sur son cœur, dès l'aube, le lendemain, sans éveiller sa compagne, Antoine quitta le paisible hôtel.

Dans la rue, sous les nuages mobiles, la vie commençait ; une vie point visible, que révélaient les petites fumées, leur parfum comestible. Il se promena longtemps. Tantôt, il voyait les tours énormes, si redoutables qu'on s'émeut qu'une race humble vive auprès d'elles comme un scarabée près du lion ; et tantôt des quartiers bas et pauvres, maisons rangées et pareilles, jaunies sous leurs toits rouges, longues petites étables humaines.

Peu à peu, dans la ville, quelques femmes se glissaient, passaient, âmes frileuses, âmes emmitouflées.

Point d'hommes, des femmes.

Antoine les regarde passer. Ah! comme elles sont douces!

« D'ailleurs, pense-t-il, leur ville pourvoit à la perfection de leur caractère. Le vent sans cesse les contrarie. Cette petite tempête des rues détourne leur patient visage, refoule leurs jupes entre leurs modestes genoux… Je les vois, sur le quai du Rosaire, butées, pliées, malmenées… Comment, sans cette douceur, le supporteraient-elles?… »

Il les regardait, l'une là, l'autre là-bas, sèches, légères, dans la noire mante gonflée, emportées comme des feuilles.

Il songea.

« Quelles peines, quels soucis ont-elles donc pour avoir toutes, et à toute heure, cet air de se réfugier dans les églises? »

Mais non, elles n'ont point de peine elles courent à l'église doucement. Tout les y porte, le vent, le poids de leur âme un peu penchée en avant, et enfantine, déserte, gourmande de miel divin…

Antoine entre dans les églises où, même de si bonne heure, l'odeur de l'encens est trop forte, incessamment renouvelée et emmêlée, surprenante dans l'église silencieuse où passent une, deux de ces sèches petites femmes noires. — Cet encens, cris de sultanes, coffret d'amour vers Dieu!

Antoine, l'âme enfermée dans un plaisir étroit, se dirige vers le béguinage, petit enclos sur l'eau froide. Féerie dévote, miracle de solitude. Rien. Pas une voix, pas un visage. De petites maisons se suivent, forment une ronde maisons de pierres, maisons de bois, maisons peintes, vitres voilées, portes loquetées, petits judas obscurs ; royaume de sécheresse, de menu labeur et de l'anneau qui rend invisible!

Dans ces trop étroites maisons, entre la fenêtre et le mur, on devrait apercevoir la béguine, papillon séché contre le verre ; mais où sont-elles, si prudentes, si discrètes qu'évanouies? Par instant, pourtant, le linge blanc d'une coiffe effleure la vitre. Béguines trop retirées! qui ne laissez pas même, derrière vous, comme la douce vierge de Memling, une petite porte ouverte sur la prairie!…

Et Antoine Arnault pense :

« Elles ont le bonheur. Elles sont là, durcies dans leur confort mystique. Leur petite âme de pierre a éteint leur corps. Chez elles nulle ardeur. Petites cuisinières de Dieu, bonnes de Marthe, qui fut la bonne de Marie! Leur armoire et leur oratoire, leur tasse en porcelaine de Hollande et leur chapelet tintant prennent autant de leurs soins. Elles brodent, font le ménage, reçoivent leur famille, se cachent... Ah quand même elles auraient vingt ans, qui voudrait goûter à leur âme, qui voudrait toucher et distraire ces cœurs dédiés à sainte Codelieve, à saint Valère, à saint Odilon?...

» Petites lépreuses, murmurait Antoine, qui vivez dans votre blanche léproserie au son du cliquet de bois ; demoiselles mortes, fuseaux secs, hirondelles aux ailes pliées, qu'aviez-vous à vous faire béguines, à vous retirer encore davantage? Ne voyez-vous point que le béguinage est dans toute votre ville? Vous eussiez été béguines dans la petite mercerie, rue du Chœur-Saint-Gilles, ou bien rue des Corroyeurs-Blancs, derrière la vitre de l'épicerie décorative qui mêle par petits paquets les grains du café clair et du café brun ; vous eussiez été béguines sur le beau Marché-aux-Poissons, ou sur le Quai de la Main-d'Or en regardant les cygnes tremper leur bec noir dans l'eau frisée ; vous eussiez, comme la douce Maria Matenka, la femme du bourgmestre d'Anvers, brodé sagement, près de votre fenêtre fleurie, ces dentelles incomparables où, dans le réseau trop fin, s'entassent le muguet et la forêt, la rose et le raisin, la chasse, avec, à peine perceptibles, le gentilhomme, le cerf, le chien, l'oiseau et le papillon. Petites béguines, vous eussiez été des béguines partout où il n'est point d'amour, et il n'est pas d'amour dans votre ville ; on n'y voit pas de garçons, et à tous vos petits cœurs de pierre, à vos désirs endormis, à votre charnelle espérance, il suffit de voir rêver, immobiles sur les deux places rouges et noires qui portent leurs noms chéris, le jeune homme Memling et Maître Jean de Bruges... »

....

Antoine Arnault découvrait peu à peu la futilité du cœur de sa compagne. Quand elle le rejoignait, touriste aimable, toute parée, vive et scintillante, elle se jetait sur les tendres chefs-d'œuvre comme sur un bon petit déjeuner.

Sans langueur, sans silence, sans humilité, elle portait son regard actif, son choix, son amusement, sa fragile expertise sur des œuvres dont Antoine pensait : « Ce sont les fiancées immortelles. Les regards des hommes les ont tant aimées, ont mis tant de soupirs, tant de prières devant elles que je ne puis en approcher qu'en respirant des âmes, qu'en remuant et en foulant des âmes, et cette petite fille s'élance sans détours, avec son chapeau de paille, dans la précieuse atmosphère! » Et, mécontent d'elle, Antoine l'enlevait à son puéril examen avant qu'elle eût fini son plaisir.

Ils se disputèrent souvent.

Quand ils arrivèrent en Hollande :

— Mon amie, lui dit-il, je vous donne le paysage. Vous le voyez, voici les plus longues prairies du monde. Que votre regard coure sur elles comme une enfant en jupe courte. Voyez aussi ces innocents moulins : ils tournent comme les enfants rient, comme les enfants crient, avec une force qui les augmente.

La jeune femme, en effet, s'emparait avec amour de la Hollande verte et vernie, jouet solide sur l'espace.

Las de ses petits émerveillements, Antoine dédaignait son amie ; mais, par instants, ivre de mélancolie, il la ramenait sur son cœur.

— Tu ne peux pas savoir, lui disait-il, comme les voyages blessent mon âme, limitent ma chère puissance! Nos joies seront brèves, ô mon amie la terre est petite ; quand je le voudrai, j'aurai vu le monde. Et, un jour, où irons-nous pour goûter encore cette excitation de la surprise dont Edgard Poë a dit : « Être étonné c'est un bonheur! »

Mais elle se plaignait qu'il ne voulût point trouver en elle une suffisante distraction.

Il répondait, serrant le poignet de la jeune femme :

— C'est vrai, ici je n'ai que vous ; vous seule me reflétez et gardez mon image, comme le petit étang dort au pied du château... Mais quel étroit étang que votre cœur! Un cygne y tiendrait à peine.

Elle boudait, se mettait à dormir, lasse de lui, rivée pourtant à ce compagnon, qui était son seul semblable dans ce pays du nord.

Et Antoine, content de la dureté de son cœur, parcourait les belles villes : Dordrecht, pathétique comme une romance sous le feuillage ; Harlem, qui tient prisonniers dans son petit musée plus assoupi qu'un dimanche de province, — toujours brillants, toujours royaux, les beaux chevaliers de Franz Hals ; Rotterdam joyeuse et goudronnée, si aimable avec sa paisible ardeur marchande, sa statue d'Erasme en courtois professeur sur la place fruitière du marché, ses canaux luisants comme des parquets d'eau, sa belle Meuse étincelante.

Sous les tilleuls de La Haye que le brusque vent effeuillait, Antoine pensa mourir de la longueur d'un jour d'orage ; et, devant la mer du Nord, où la jeune femme l'avait entraîné, il regardait, avec un mépris d'homme pour la colère animale, cette mer glaciale qui a la couleur et la rage de l'hyène ; qui envoie lentement, sur la côte, sa vague grise, couchée, creusée comme la mort...

Amsterdam, dans la claire journée, au milieu de son vent et de son eau lui apparut innocente, libre et forte, reluisante comme mille miroirs. Il aima son éclat neuf et naïf de cuivre jaune, de faïence, de pierres roses, de vitraux verts, et il aima son antique douceur, ses maisons de briques noires rendues fragiles par un long espace de fenêtres glauques.

Le matin, il lui adressait des louanges, des flatteries. Il lui disait :

— Tu es robuste et marine, ruisselante, dorée, salutaire comme le poisson divin que l'Ange donna au jeune Tobie!

Mais le soir, la ville qu'il aimait se renversait sur son cœur, il en portait toutes les pierres avec un étouffant malaise.

Désolé, n'ayant que faire de sa compagne, il errait. Il appelait l'ombre de Spinoza. Il eût voulu pouvoir entrer, la nuit, comme un ami favorisé, dans le profond musée, et sangloter, âme amoureuse, sur les mains mortes de Rembrandt.

L'énervante jeune femme, devant les Pierre de Hogue, détaillait :

— Ah! voyez, s'écriait-elle, la petite bassinoire de cuivre, ces deux oreillers sur le lit! le chat est dans un carré de soleil ; la petite carafe fraîchit sur la fenêtre…

Si fatigué d'elle, Antoine se réjouit de la trouver un matin dans le salon de l'hôtel, coquette et gaie, qui causait avec un ami retrouvé, un jeune Anglais qu'elle avait connu à Paris, qui la regardait avec des yeux éblouis. « Enfin, pensa-t-il, qu'un autre porte le poids de ses aimables conversations! »

Au bout de deux jours, il fut jaloux. Sans tendresse pour cette femme, sans violent désir, il la voulait voir isolée, triste et faible dans cet hôtel, misérable comme son cœur à lui, son cœur ennuyé.

Qu'elle regardât avec bienveillance le jeune Anglais, c'était dire à Antoine : « La gentillesse de ce jeune homme, sa courtoisie, son vif intérêt me plaisent davantage que votre hostilité, votre humeur glacée, votre insolence, votre inconstance », et cela, Antoine ne pouvait l'admettre.

Il surprit la jeune femme un soir que, toute sérieuse et tout échauffée, elle expliquait sa vie, son caractère, ses aspirations à son nouveau camarade, toujours ébloui. Antoine affecta une telle stupeur à la pensée qu'elle prenait la peine de parler d'elle-même, d'éclaircir quelque chose de sa chétive personnalité, qu'elle s'arrêta, troublée, interdite, anéantie, tandis que son visiteur, confus aussi, s'excusait et se retirait.

Elle se laissa ramener à Paris par Antoine, et, sur une dernière querelle, ils se quittèrent.

V

Il restait à Paris par lassitude ; il n'avait pas de désirs ; il ne voulait rien. Il avait horreur de l'univers et de la vie, qui lui paraissaient mornes, restreints, éclairés par ce triste jour d'en haut qui tombe de l'étroite vitre du plafond dans les mansardes.

Le travail ne le tentait pas. Il savait avec quelle force et quelle facilité il travaillait.

« Je n'ai pas peur, pensait-il, de la critique pour mes œuvres. La critique, dit Hello, il est temps qu'elle admire ! » Il regrettait seulement, son ouvrage fini, qu'il ne fût pas éternel.

La durée limitée du papier et la faible intelligence des hommes lui paraissaient un empêchement sérieux à cette dépense d'énergie.

« Je ne pourrais être sensible qu'à l'éloge du plus illustre, pensait-il, et le plus illustre est occupé de soi. »

Un soir, il passa chez madame Maille. Elle était là, repartant le lendemain pour la campagne. Il se fit annoncer, et entra comme madame Maille hésitait encore à faire répondre si elle voulait, ou non, le recevoir.

Mais, dès qu'elle vit le jeune homme qu'elle avait tant aimé, elle eut ce visage sans résistance, cette bonté résignée qu'Antoine, dans son orgueil, avait prévus. Il s'assit près d'elle comme s'il la revoyait après une longue absence, et que, tout naturellement, leurs attitudes fussent changées. Elle, d'ailleurs, plus timide qu'une fille de douze ans, restait dans cette humilité qui précède ou suit le droit à l'amour. Mais, d'un doux regard brisé, elle étreignait encore cet enfant léger, qui lui semblait si plaisant, si tentant, si savoureux, qu'elle se tenait un peu en arrière pour ne point tomber sur lui en tournoyant, comme la grive lasse dans le champ de blé.

Il ne savait que lui dire. Il essayait d'expliquer que l'affection, la profonde entente sont immortelles, mais il sentait bien que le passé et l'amour de cette femme étaient un vêtement devenu trop étroit, qu'il ne remettrait pas. Ils se séparèrent, ne s'étant pas fait de bien.

Un matin, Antoine Arnault vit que Paris, tout orné de drapeaux aux couleurs de deux nations, s'emplissait de bruit, d'allégresse, de décorations, s'échauffait sous le froid d'une journée de novembre. Il se souvint que son pays recevait ce jour-là un hôte royal.

Il pensa d'abord éviter cet embarras, cette fête importune. Mais, tout au contraire, il se dirigea vers la maison d'un de ses amis, avenue du Bois de Boulogne, et s'établit au balcon. La large avenue ne donnait plus le sentiment du dehors et du plein air, tant elle était nette, rangée : long tapis spacieux, silencieux, désert, bordé d'une double haie de cavaliers, cerné par la foule respectueuse. On attendait le passage du souverain.

Un coup de canon, la musique tumultueuse, et l'on vit avancer — petit point noir et solitaire dans cette avenue qu'encombre d'habitude le va-et-vient national, — la voiture officielle.

Comprimée par les soldats à cheval, la foule curieuse débordait pourtant, et des cris tendres, un long salut, une clameur uniforme et douce enlaçait ce roi en costume éclatant, accueillait cette divinité. Indifférent et appliqué, plus haut que tout ce peuple, il recevait sans délire cet hommage.

Par l'avenue lisse et soignée comme un salon, il entrait dans la capitale auguste, dans la ville dont Antoine Arnault pensait : « Il entre dans ma ville et chez moi. »

« Du haut de ce balcon, pensait Antoine, ignoré, perdu, je tremble pourtant de cette ardeur sacrée que donne l'éclat de l'or et du laurier! La folie d'être le premier et l'unique, d'être celui pour lequel s'établit soudain une paix inaccoutumée, une vassalité totale et rigoureuse, m'enivre et m'attendrit comme la volupté, et il me faut voir jouir ainsi ce faible César, qui ne pâlit même pas de plaisir... Il a ce que nul ne peut avoir, une telle gloire, que l'honneur de mon pays est intéressé à ce qu'aucun promeneur ne se trouve sur le passage de ses lents chevaux lustrés. Il ne faut pas qu'il voie les hommes autrement que dans des conditions et des positions qui le dégoûtent de ces timides créatures... Hélas! soupirait Antoine Arnault, ils sont les êtres du monde qui ont le moins de génie, le moins d'ivresse et de sensibilité, et ce qui se presse autour d'eux, ce qui les entoure et baise l'ombre de leur voiture, ce qui s'écrase contre leur frêle poitrine bariolée, c'est de l'amour, et l'amour des mâles, plus enivrant que les pleurs des femmes passionnées. Être le groupe et l'unité, la nation et le maître de la nation, être celui en qui est incluse la sainte beauté de son siècle, la découverte du chimiste, le chant du poète et du musicien! être celui dont on pourrait dire : « Il a Beethoven, il a Byron ou Raphaël!... » Ah! puissance que j'exècre et que j'adore, que je repousse et dont je suis insatiable, ne vous connaîtrai-je point un instant, et, ivre de domination, ne sentirai-je pas s'abattre et se pâmer la Marseillaise sur mon cœur?

VI

Empli de ces sentiments, pressé par quelques amis, encouragé par Martin Lenôtre, Antoine Arnault entra dans la vie politique.

Ce qu'il avait cherché, c'était l'emploi, le placement universel de son génie.

Sa révolte, sa logique passionnée, sa force d'humanité sèche et ardente, sa susceptibilité et sa dignité de plébéien, si délicates qu'elles étaient en lui deux cibles toujours découvertes, et qu'on le voyait, dans la discussion, pâlir par amour de soi-même, le guidèrent vers un groupe républicain.

Violent, audacieux, il eut une action soudaine et vive, la collaboration principale d'un journal.

Il s'amusait des fureurs conservatrices.

— Vous désorganisez la société, lui criait-on.

Ah! répondait-il, j'organise! où mettez-vous la société? j'en vois une dans les salons, j'en vois aussi dans les usines. Cette société a soif, a faim, veut son élan et son repos, et pendant les diphtéries, sauver, elle aussi, ses enfants...

Il connut l'éblouissement, l'ivresse de sa propre parole ; il connut l'amertume des soirs grossiers, le repoussant succès du camarade qui, sans talent et sans délicatesse, plaît également ; le dégoût de tomber, après les acclamations de la salle, dans la vie tiède et insignifiante de la rue.

Il connut la tristesse de regarder et d'écouter les hommes ; de regarder sa vie et de se dire : « C'est ma jeunesse, et elle passe ainsi ».

Le succès des livres qu'il écrivit, qui le rendirent célèbre et cher à tous les jeunes gens haussait son exigence et le jetait dans de nouveaux mécontentements. La vue de la nature lui rendait répugnantes ses besognes électorales. A l'ombre d'un tilleul, et dans le silence de la prairie, il méprisait les figures humaines, l'activité bruyante et hargneuse, les revendications du besoin populaire.

« Comme je goûte l'été et les routes! pensait-il, je les aime comme les peut aimer à cinq heures du matin la mûre bleue, quand elle s'éveille entre des feuilles, des gouttes d'eau, l'herbe fraîche, un bruit de source, un cri d'oiseau, et le bonheur du mois de juin!... »

Les femmes lui semblaient chétives ; il les prenait et les quittait ; aucune ne retenait longtemps son imagination. Il lui eût fallu celle pour qui le roi David commit un crime funeste.

De jour en jour il sentait sa force et sa faveur s'accroître, mais ses chances l'isolaient le soir, alangui chez son ami Martin Lenôtre, il répondait à la bonté, au paisible entrain de son compagnon par un regard qui semblait dire : « Nous ne pouvons plus nous comprendre. »

Écrivain, orateur ; député, il s'étonna de voir que deux années, trois années s'étaient écoulées sans qu'il eût perçu nettement le goût du temps et de la vie. La quatrième année, confiant en son autorité, il mit moins de scrupule à ses occupations et sortit davantage, fréquenta les salons qui étaient curieux de lui.

Il reçut des invitations qui lui donnaient du plaisir et de la colère, car il sentait qu'en goûtant la fierté de se rendre dans ces milieux délicats, il perdait la fierté qu'il eût eue à n'y point aller.

Des aristocrates, soucieux de belles lettres, vantaient sa littérature et blâmaient sa politique avec une grâce et des conseils paternels ; les femmes de cette société le regardaient avec amusement, attendaient de lui des discours pédants, qui leur remplaceraient un cours au Collège de France et leur semblaient la conversation naturelle de ce jeune homme.

Elles le considéraient comme un causeur très supérieur à leurs frères et à leurs maris, mais ne le pensaient point capable de fumer comme eux, de se lever, de s'asseoir, de se vêtir et d'aimer comme eux.

Antoine Arnault sentait leurs réticences ; il voyait que le vif accueil qui lui était fait, la ronde aimable qui se pressait autour de lui s'évanouissaient à la minute du repas quand l'hôtesse, redevenue grave et soigneuse, assignait à chacun sa place à table, et qu'Antoine Arnault, sans titre ni noblesse, se trouvait passer après quelque vicomte, dont la physionomie neutre et légère lui devenait soudain odieuse et provoquante comme le canon royal du Louvre.

Mais il jugeait ces jeunes femmes, et, s'il leur trouvait de la délicatesse et de l'aisance, il les voyait aussi trop frêles d'âme, petit bouquet qui va se faner vite dans les plus piètres cérémonies.

Pourtant, par une curieuse contradiction, il se sentait plus d'intérêt pour celle précisément dont l'entourage lui causait davantage d'irritation. Française, mariée à un gentilhomme italien, cette jeune femme, âgée de vingt-neuf ans, passait quelques mois en France et habitait l'Italie.

Elle portait visiblement le double orgueil d'une naissance et d'un mariage illustres.

Quoique sans culture, frivole et simple, elle apparaissait beaucoup plus intelligente que son mari, dont le calme, sec et fourbe visage aiguisait un regard mince et cruel, et qui, à Paris où Antoine Arnault le rencontrait, gardait le silence d'un étranger dédaigneux et ennuyé.

Offensé par cette figure, Antoine se dictait de ne point adresser la parole au comte et de le mépriser dans son âme ; mais, immédiatement, il lui venait à l'esprit tous les avantages qui restaient à ce gentilhomme, et dont le premier était qu'Antoine Arnault ne lui semblait pas de même qualité que lui.

« Ma réserve hostile, évidemment lui paraît être de la timidité ou de la mauvaise éducation, pensait Antoine : on ne peut arracher à ces nobles leur affreux et durable privilège ; le présent et l'avenir ne les effrayent point ; ils ont le passé dont ils sont sûrs. On les voit, ruinés ou obligés à d'obscurs maniements d'argent, qui ne perdent pas leur hauteur. L'honneur, l'audace, le courage, ils nous en dispenseraient, ils croient en avoir fait leur métier. Ils nous laissent le nôtre, qui, de toute façon, leur semble bas et pusillanime. Dans ce duel délicat, ils pensent : C'est nous qui tenons le plus fortement l'épée, l'arme aimable et noble, et, quand eux aussi la sauraient tenir, voyez comme leur main est lourde et mal gantée, comme ils ne rient point, comme ils sont sérieux, comme ils n'ont pas de légère insolence, de facile folie à mourir!

» Oui, songeait Antoine Arnault, ils doivent penser cela, ces êtres sans culture, sans amour, sans passion et sans philosophie! Ils ont cette fierté d'être irritables, de flatter le danger comme un cheval de sang vif, et c'est leur seule ivresse dans la vie morne et aplanie. Quand, pendant quarante années, ils ont habité leurs châteaux, visité leurs villes et leurs campagnes, rencontrant toujours à leurs côtés, empressés, glacés, soumis, leurs valets, ils peuvent s'offrir l'aventure de quitter cette rude discipline, de mourir en s'amusant.

» Ah! soupirait Antoine, qu'ils aient la grandeur sans le mérite! Qu'ils soient les plus fiers de naissance! que ce soit eux, et pas moi! »

C'est ainsi qu'il détestait une société dans laquelle il se plaisait.

Chez cette comtesse Albi, après le dîner, lorsque le comte se retirait au fumoir avec les autres hommes, il restait auprès des jeunes femmes, et déjà le dégoût qu'il avait de fumer lui semblait une infériorité, dont devaient rire, là-bas, dans l'atmosphère lourde et brûlante, ces flâneurs d'antique race.

La comtesse Albi et ses amies s'approchaient alors avec gentillesse d'Antoine Arnault. Elles semblaient ignorer sa carrière politique, dont elles le supposaient d'ailleurs confus, mais quelques-unes d'entre elles avaient lu ses livres et pensaient les aimer.

Elles les aimaient avec une aimable sottise.

La comtesse Albi, plus douce que ses invitées, sérieuse et sage, expliquait timidement la tendresse que lui inspirait la littérature de son pays, les romans français, les descriptions de sa Touraine natale.

Et Antoine Arnault regardait avec une droite audace cette Française qu'on lui avait prise pour la mettre en Italie, chez le dur seigneur ; Française éloignée de lui, il est vrai, puisqu'elle avait été une petite fille aristocrate qui n'aurait point joué avec lui. Mais elle lui semblait, malgré son ignorance, son embarras intellectuel, plus attachante que les autres jeunes bavardes, étant sans patrie naturelle, et dominée par l'étranger.

Bien qu'il n'eût pour elle d'autres sentiments qu'un extrême respect, une déférence spontanée, dont il se sentait parfois humilié, il s'amusait à la regarder soigneusement, blessé et satisfait de porter un jugement sur une si délicate et noble personne ; et, sentant comme elle était grave et distante, et combien inconsciemment il la craignait, il se plaisait, tandis qu'elle lui parlait de la campagne française, à imaginer qu'il pourrait lui dire brusquement : « Je te rendrai ton pays! »

Ainsi se trouvait-il moins contraint ensuite en présence du comte Albi.

Pourtant, un jour qu'il avait rendu visite dans la journée à la comtesse, il n'avait point trouvé chez elle la confiance qu'il attendait d'un entretien si ménagé. Elle était demeurée comme il la connaissait, attentive et gracieuse ; il sentait bien que si, pour tenter l'expérience, il lui avait dit qu'il l'aimait, elle aurait eu un visage qui ne peut comprendre, qui ne croit pas avoir bien entendu ; elle eût eu brusquement cette sévère attitude, cette juste et parfaite froideur que probablement ses aïeux lui fourniraient.

Antoine Arnault se vengeait :

« Ces jeunes femmes, pensait-il, sont faibles d'ardeur et de corps ; elles seraient de grêles maîtresses sans enthousiasme et sans emportement ; elles font bien de nous éviter ces déceptions. »

Bien qu'il n'eût plus envie de continuer des relations où il perdait de son caractère, il résolut pourtant de passer quelque temps à Venise, où la comtesse Albi possédait un palais qu'elle venait d'aller rejoindre.

« Je ne connais pas Venise, songeait Antoine Arnault, et je prévois que j'en ferai quelque cantique brûlant : c'est pourquoi je me résigne à un importun voisinage. »

Vers le milieu de mai, il quitta Paris, sa table de travail en désordre, son siège fastidieux au Palais Bourbon, son ami Martin Lenôtre, dont il méprisait maintenant le doux éblouissement scientifique, et, ivre de liberté, de plaisir, il s'en fut en Italie.

Après la France lumineuse et boisée, il vit venir l'ardente Italie, sa vibration de soleil et d'azur qui fait dans l'air un chant d'opéra, ses toits plats, ses collines en pente qui portent des citrons et des rosiers jusqu'à la mer.

— Ah! s'écriait Antoine, douce Europe! Que n'êtes-vous la nymphe Europe, afin que je vous étreigne et vous garde contre mon cœur!

Sur le quai de la gare de Padoue, il reconnut cette odeur de bouquets, d'air léger, de plaisir dont sourit toute la claire Ausonie…

Le soir, vers sept heures, il arriva à Venise.

Antoine Arnault n'avait point pensé qu'un tel choc l'amollirait quand, au sortir de la gare, il demeura immobile, étourdi, arrêté comme d'une flèche qui, lui perçant le cœur, le clouait sur l'air doux de Venise.

Miracle, enchantante douleur, elle venait vers lui comme une figure, comme un destin, comme un amour qu'on ne peut plus éviter! Ville plus basse que les autres, où l'on descend à jamais. Perle mourante ajoutée aux continents, elle est toute seule, et son air enfermé ne s'égare point ailleurs.

En face du dôme vert, des maisons hautes et baignées, sous le limpide silence, Antoine Arnault contemplait cette ville, qui lui semblait être seulement dans son imagination.

Il ne s'inquiétait de rien, il ne songeait pas à se mouvoir. Il pensait : « Je suis ici où tout finit, l'effort, le but, l'ambition ; il n'y a plus que la volupté… Point de hâte et d'ingéniosité : les lentes gondoles suffisent. Ces lits vont doucement vers d'autres lits. De l'eau à la demeure, le désir se déroule et traîne. Ici l'amour, et là, l'amour : nulle autre besogne. Le gondolier le sait pour lui, domestique souple et polissé du plaisir, il n'y a point des hommes et des femmes ; il y a l'homme et la femme, couchés, l'un à l'autre, sur les divans noirs du tendre bateau…

Embarrassées, mal faites pour servir aux bagages, les gondoles s'approchaient du quai. Antoine Arnault en choisit une. Sur l'eau dolente, il parcourut la ville. Son enthousiasme lui perçait le cœur. Il regardait passer les autres gondoles, carnaval noir, sombres sirènes qui portent devant elles leur beau peigne d'argent.

« Hélas! songeait-il, tout, dans cette ville coulante et molle, est également voluptueux ; il n'y a pas un moindre objet. Tout ondule et fait défaillir! J'ai vu un bouquet de roses balancé sur le flot vert. J'ai vu des rideaux jaunes derrière une tête de jeune femme, dans une fenêtre léthargique. Je vois une ville qui se caresse et se mord jusqu'à ce qu'on ait avec elle la même crispation, le même délire, la même dionysiaque ardeur!

« Comment rester ici, où le cœur en quelques minutes augmente ses battements, sans que la raison s'égare? soupirait Antoine. Déjà je meurs de volupté, et de volupté indéfinie, car c'est la ville qui fait le sortilège... »

Dès ce soir-là, comme il se penchait à la terrasse de l'hôtel, il put connaître le cri de Venise, que Vénus tourmente.

Sur le grand canal, devant Saint-Georges Majeur, dans la nuit obscure, éclairée par les nuées compactes et roses des feux de Bengale, qui faisaient des vapeurs pâmées, on voyait bouger cent gondoles rapprochées, pressées, tissées. Leurs corps noirs, sur l'eau, avaient ce mystérieux mouvement vivant qui semblait à Antoine Arnault secrètement voluptueux, et l'oppressait jusqu'à pleurer.

L'eau et la barque, de quel plaisir ondulent-elles et frissonnent-elles ensemble?

Et voici qu'arrive un radeau lumineux, pavoisé de lampions verts, rouges, blancs ; un faible orchestre y retentit.

Toutes les gondoles se rangent autour de cette barque, et font, sur les flots du canal, une petite place publique, dense, noire et flottante.

Des chants s'élèvent, violons grêles, tambourins, voix pathétiques — voix qui demandent l'eau brûlante pour la soif amoureuse, l'ardeur cruelle pour le cruel désir, — et Antoine Arnault s'enfuit dans sa chambre ; il veut s'assourdir, s'endormir, disparaître ; mais, toute la nuit, il entend ce cri terrible, cette requête à la force mâle, cet appel réitéré, qui pourvoit à l'insatiable sensualité de Venise...

VII

Le lendemain, au lever du soleil, la ville lui sembla plus douce.

« Dieu merci, elle se calme le matin », songea-t-il.

Pourtant, le poison demeurait dans ses veines. Il ne se hâtait pas de rechercher la comtesse Albi. « C'est trop peu, soupirait-il. Des conversations, le soin de plaire moralement ne me conviennent pas, et, quant à la passion, je n'en saurais offrir d'assez pure à cette jeune dame bien élevée. »

Les petites Vénitiennes rousses qui passaient, dans leur joli châle noir fermé, lui semblaient davantage plaisantes. Il les voyait glisser sur les dalles claires et unies des rues délicieuses, rues qui semblent toujours être la cour intérieure d'un calme et divin palais, les doux couloirs familiers où l'on marcherait sans vêtements et sans chaussures.

Entre les clairs magasins où luisent l'humide corail et la pâte de turquoise, la rue argentée se chauffe au soleil, et les Vénitiennes sont là qui flânent, dans leur deuil fin et secret...

Antoine Arnault, sur la place Saint-Marc, encore une fois est de beauté enivré. Assis aux arcades du café Florian, il boit lentement le noir breuvage vénitien. Il contemple cette place Saint-Marc, la molle église orientale, et, ouvert sous le ciel, l'immense carré de pierre, immobile victoire!

Mille pigeons, sur les dalles lisses et chaudes de la place, roucoulent, font un tapis de plumes, de soupirs et d'amour.

— Donna Marie, — s'écrie Antoine Arnault, en pensant à la comtesse Albi, qu'il ira voir dans la journée, — vous vivez ici et votre cœur reste chaste! Je vous méprise et je vous plains.

Dans la journée il se fait conduire au palais de la comtesse. Ce palais, si beau sur les eaux du canal, avec ses belles vitres, éclairées, semble-t-il, d'un noir soleil intérieur, porte aimablement sur son marbre orgueilleux le printemps vivant, un léger feuillage. La fraîche humidité des salles, leur grave silence, les tentures rouges et jaunes, toute l'ancienne pompe vénitienne émeuvent Antoine Arnault.

Et voici la jeune femme qui se lève et sourit, aimable et secrète, comme elle était déjà.

Il lui parle de sa ville, d'une manière dont elle se divertit d'abord, car elle trouve Antoine exagéré, et puis elle l'écoute, parce qu'elle pense que ce qu'il dit est précieux comme ses livres. Le comte entre et vient prendre le thé ; une jeune femme française, qui a auprès de la comtesse l'emploi de lectrice, de dame de compagnie, apporte des fleurs qu'elle dispose dans des vases de cuivre ; on annonce la visite du descendant d'un doge ; Antoine Arnault s'ennuie, se retire. « Voilà, pense-t-il, ce qu'elles font de cette ville énamourée! un mari, le thé, des vases de fleurs, la visite d'un vieux gentilhomme! Ces innocentes aristocrates ne méritent pas la peine qu'on prend de les venir voir. Ah! combien je leur préfère George Sand infidèle, qui, dans cette ville pressante, pensait sans doute : « J'aime moi-même et mon plaisir. »

Antoine quitta l'hôtel où il était descendu et loua un petit appartement Fondamenta Bragadin. Il se mit à travailler.

« Il ne se peut pas, songeait-il, que cette Venise, éprise des jeunes hommes, qui enivra lord Byron, qui versa *Tristan* à Wagner, et qui, sans même être connue de lui, porta bonheur à Shakespeare, ne s'émeuve une fois encore sous un effort passionné… »

Et, en quelques jours, Antoine Arnault vit s'augmenter le poème violent et noir qu'il dédiait à cette ville.

Il vécut de la vie provinciale de Venise. A midi et le soir, il s'asseyait à la terrasse des cafés, abrités par des toiles contre le vif soleil d'argent.

Offensé de se sentir inconnu dans l'endroit du monde où il eût préféré régner, il regardait pourtant avec une douce pitié s'asseoir aux petites tables, près de lui, les jeunes artistes vénitiens, qui vont vivre et vieillir là, êtres faibles et studieux qu'écrasent la beauté de leur ville, leur chance d'être nés sous un azur qu'on ne peut décrire, qui les use et les roule doucement, et près de l'or de Saint-Marc.

Mais, par instants, il lui semblait que la chaude énergie française, l'action nombreuse et les succès dans son pays ne valaient pas la volupté d'être une poussière dans cette lumière, et, s'adressant au beau lion de Saint-Marc, arrêté sur la haute colonne rose, il lui disait :

— Lion, qu'as-tu besoin de tes ailes? Tu te moques de l'espace et d'un plus lointain Orient, citoyen de Venise!

A l'aube claire, dans une gondole mouvante, il flânait sur les lagunes, et regardait, posées au loin sur l'eau, les Alpes, d'un bleu pur de porcelaine, légères, fragiles, sonores, semblait-il, qui tinteraient si on les touchait…

Au coucher du soleil, les mâts roses des bateaux de la Giudecca, les vertiges d'un horizon somptueux l'enivraient ; des cloches, en sons limpides et fêlés, coulaient sur l'eau ; et, sous le ciel soulevé, les coupoles rondes des églises se dessinaient avec une pureté émouvante : cette netteté d'un beau visage, du visage des enfants de huit ans, quand la ligne du menton et des joues est si éclatante et si douce.

Au moment de ces crépuscules, alangui dans la ronde embarcation où la sensuelle mollesse des coussins fait songer aux « divans profonds comme des tombeaux », il éprouvait ce chaud, ce froid, ces malaises, cet incertain et déchirant bonheur dont s'irritent à Venise l'imagination, le sang, les nerfs et la peau. Et, gorgé de tristes délices au point qu'il en pensait mourir, le jeune homme s'étonnait d'écouter dans sa mémoire les faibles, les frivoles vers de Musset :

saint-Blaise, à la Zuecca,

ns les prés fleuris cueillir la verveine...

Parfois encore, il rêvait au milieu des ténèbres, goûtant l'odeur de l'eau, de l'algue et du goudron, respirant la nuit, qui là-bas est juvénile, belle comme un matin noir...

La fierté que lui donnaient maintenant son œuvre et la familiarité qu'il prenait avec Venise, modifiaient ses désirs. Il quitta la solitude, revit la comtesse Albi.

Il n'avait pas d'amour pour elle, mais un respectueux désir de s'employer auprès d'elle, un goût délicat de la servir ou de l'offenser.

Il supportait mal la présence du comte et les brusques apparitions de mademoiselle Émilie Tournay, la confidente, l'amie de la comtesse, une jeune Française qu'il jugeait audacieuse et vulgaire.

Mais il voyait Donna Marie plus librement qu'il ne l'avait espéré : le comte s'ennuyait à Venise ; secret et sournois, il s'absentait fréquemment, allait à Florence, à Rome ; et bientôt, assuré de la facilité de la voir souvent, Antoine n'eut plus qu'à chercher le moyen d'attirer dans ses bras cette jeune femme mélancolique et dévouée, dont le beau visage innocent ne se tenait si droit que par éducation et par orgueil.

Il chercha longtemps ce moyen.

Il s'empressait à tout. Il ramassait le petit mouchoir tombé ; offrait un livre frivole et sensuel ; ne parlait pas et, tout d'un coup, parlait beaucoup ; semblait triste ou simulait l'indifférence...

La comtesse accueillait ces changements avec douceur et amabilité. Antoine Arnault s'irritait de sentir qu'il lui apportait de l'amusement sans rien retirer d'elle. Ce n'est pas cela qu'il avait voulu ; on le volait.

Il tenta les visites, ensemble, elle et lui, le matin dans les musées.

Donna Marie, sagement curieuse, était prête à l'heure indiquée, et, sérieuse, reconnaissante, suivait son professeur.

Il lui fit connaître ce que, vivant à Venise, elle ignorait.

Il lui montrait, avec une richesse de paroles qui leur prêtait l'ardeur et le mouvement, les belles fresques de Tiepolo dans le palais Labia. Docile, elle prenait avec lui sa place dans cet embarquement de Cléopâtre, et soutenait de tout son cœur la reine d'Égypte, princesse civilisée, qui fait gonfler autour d'elle sa robe d'argent cassé.

Ils s'attardèrent, dans la Ca d'Oro, à regarder l'eau et l'air s'encadrer dans les colonnes ; il lui fit remarquer les précieuses mosaïques de l'escalier, différentes à chaque degré, et qu'on perçoit en marchant, comme le petit pied nu de la chèvre connaît le grain et les dessins du sable.

Devant le saint Sébastien de Mantegna, dans cette Maison d'Or, ils contemplèrent la tête pâmée de douleur, la bouche qui grince et sourit, tandis que les longues flèches font, dans le corps admirable, un dur lacet intérieur.

— Voyez-vous, — disait Antoine Arnault, à voix basse, avec une politesse triste, — cette expression du visage, cette convulsion extasiée, c'est la volupté…

Ayant hésité, elle répondait :

— Oui, — pensant qu'il l'instruisait sur la peinture, et qu'il n'en fallait point paraître troublée.

Il la conduisit dans Saint-Marc. Oubliant sa compagne, il s'émerveillait chaque fois de l'or de ce temple, de cet or arrondi et creusé, de ces alvéoles d'or, de l'or ineffable!

« Voici, pensait-il, la cassette et les bijoux de Jéhovah. Si ce n'eût été un songe, le jour de ses noces spirituelles, Jésus vous eût mis, Saint-Marc, dans la belle corbeille de sa fiancée Catherine. »

Et Donna Marie, attentive, levait doucement la tête, ou regardait par terre les petits carrés de marbres, étirés, lâches, desserrés comme de petits tapis persans.

Antoine Arnault, désespéré par le calme de la comtesse, se mit à l'aimer, à se tourmenter, à souffrir pour elle ; à se demander s'il ne tenterait pas un suicide pour l'émouvoir ou l'intéresser. Il prenait aussi la résolution de n'y plus penser, et il l'observait si bien qu'il ne répondit point, par deux fois, aux invitations qu'elle lui adressa. Aussi fut-il contrarié de la rencontrer, un soir, qui dînait avec quelques amis dans un café où il avait ses habitudes. Il fallut causer, et, dans la soirée, les convives se rendant au théâtre et la comtesse se trouvant fatiguée, Antoine Arnault dut se proposer pour la reconduire chez elle, en gondole. C'était la première fois que, la nuit, ils se trouvaient si près, enfoncés dans les bas coussins noirs…

Partout, le silence. Un vaisseau français, le *Duguay-Trouin*, rêve immobile sur la lagune. Et puis voici, au loin, une musique grêle, faible, tremblante, musique de lumignon qui passe sur la barque coloriée.

On distingue la triste mélodie :

nta Lucia, astro d'argento…

Deux rameurs blancs, tout penchés en avant, élancent une gondole, qui, éperdue, énigmatique, s'enfonce dans l'ombre, semble courir au plaisir, frôle celle où Antoine se tait auprès de sa compagne.

— Je vous reconduis à votre palais? demande Antoine à Donna Marie.

Mais elle dit doucement :

— Pas encore, faisons un tour sur le canal ; du côté de la musique, ajoute-t-elle en désignant la barque aux lampions.

Et on va vers la musique. Antoine n'a rien à dire ; une jeune dame s'est confiée à lui, il la ramène à sa demeure. Il se félicite que la voix d'un ténor, sur l'eau, voix puissante et comédienne, le dispense de distraire en ce moment sa mince compagne voilée. Cette voix s'enfle et se rengorge comme un vaniteux pigeon, et Antoine, froissé dans sa délicatesse, méprise cet amant grossier, ce miroir pour les colombes. Il regarde Donna Marie, qui écoute, les yeux embués, ne semblant point disposée à repartir.

« Hélas! songe Antoine, l'humidité du soir me gagne, pourtant ne devrais-je point, pour conquérir l'estime de la comtesse, m'établir comme elle à rêver? » Il veut lui parler, louer la beauté de la nuit, mais il perçoit d'ardents soupirs ; et, tandis que l'impudique pâmoison du chanteur italien contagionnait sa noble voisine, quelle stupeur, quelle jouissance n'eut-il pas soudain, de l'entendre qui murmurait d'une voix livide : « Mon ami, je ne peux plus le supporter, j'aimerais mieux qu'on me tue… »

Renversée au dossier noir du bateau, éplorée, certes elle s'attendait à recevoir le jeune homme sur son cœur, mais Antoine Arnault redoutait de calmer trop vite une confiance à peine ouverte, et, quoiqu'il lui parlât avec plus de familiarité, il lui parlait sans ardeur.

— Nous causerons demain, — lui disait-il, comme quelqu'un qui a désormais un inoubliable avantage ; — d'ici là, je vous écrirai.

Elle ne pouvait répondre ; par soumission elle acceptait qu'il ne devînt pas son amant sur-le-champ, comme elle l'avait imaginé dans son innocence et son délire.

Mais elle restait malade, et révélait sa fièvre par des soupirs.

« Mon Dieu, pensait Antoine Arnault, si passionnés que nous soyons, comme elles le sont davantage, pour un peu d'ombre et de musique! Celle-ci ne peut plus se traîner ; elle avoue une si secrète émotion comme elle avouerait qu'elle a peur ou qu'elle a froid. Quelle volupté elles se sont faites de leur servitude… »

Il laissa, sur l'escalier de son palais, Donna Marie, dont il emportait, pour enchanter sa nuit, l'expression de visage douce et pâle, toute la figure défaite.

Le lendemain, de bonne heure, il lui écrivit. Il l'appelait chez lui, dans l'appartement de la Fondamenta Bragadin ; il lui disait comment elle entrerait, comment elle sortirait afin de n'être pas vue.

Elle ne répondit pas.

« Ce serait pis encore si hier je l'avais embrassée, pensait Antoine ; elle serait presque guérie, tandis qu'en ce moment elle se débat. »

Il lui écrivit chaque jour, et, bientôt, il reçut une lettre douce, qui demandait de l'amitié.

« Je n'en donne et n'en reçois pas, pensa Antoine ce n'est pas mon métier. »

Mais il écrivit qu'il lui proposait de tout son cœur cette amitié ; que près d'elle, dans son palais, il était farouche, défiant ; qu'il la suppliait de venir.

Elle vint. Épouvantée, irrésolue, elle entra chez lui pour se sauver de la rue, pour n'être pas vue, pour fuir.

Elle entra dans ses bras ouverts ; elle avait eu si peur qu'elle se serrait contre lui et pleurait. Le danger, elle l'avait connu dans la rue, devant la porte ; maintenant elle était sauvée, elle le remerciait. Après la honte d'être dehors, les yeux levés, cherchant un numéro, ce n'est rien de se trouver là, dans une chambre inconnue, près d'un jeune homme…

Elle le remercie.

Elle n'a rien à redouter de lui. Pendant qu'elle parle et se plaint de sa frayeur, il la presse contre lui… Elle écarte doucement les mains du jeune homme, mais il la reprend encore, et, chaque fois qu'elle le repousse, il revient. Ainsi, elle s'habitue à ses tendres audaces.

Lorsqu'elle regarde autour d'elle, avec un peu de tristesse, les murs nus, il lui dit :

— Mon amie, ces pièces sont froides et sans grâce, bien différentes de vos demeures, mais il faut que vous les acceptiez par amour de moi.

Et, comme elle est aujourd'hui sans désir, accablée et tendre, elle l'écoute, docilement, lui dicter son sort nouveau.

Elle ne retrouve pas la volupté solitaire de l'autre soir sur le grand canal, mais elle aime Antoine Arnault de toute son âme, et, dans son esprit innocent elle perçoit que l'amour est plus triste que la passion, qu'il ne peut pas se satisfaire, qu'il est placé dans une région du rêve où les images et les sanglots se répondent ; qu'il est un navire en détresse dans la nuit, dont les signaux, les fusées, les sourdes cassures ne seront point de la côte entendus...

Dès ce premier jour, Antoine Arnault connut tout le cœur de sa maîtresse. Il goûtait moins le plaisir de posséder une âme si délicate et si douce, qu'une entière reconnaissance. Empli d'un triste enivrement, il lui tenait la main, ne pouvait se décider à la laisser partir, à ce qu'elle franchît son seuil et retournât chez les autres. Avec la gravité de l'homme qui vient d'épouser une jeune fille, il se sentait ému de responsabilité et de crainte. Il avait peur de tout pour elle, peur qu'elle fût seule dans la rue ; que, rencontrée, elle se troublât. Il eût voulu ne pas la rendre, l'emmener, se charger de cette vie faible et gracieuse.

En songeant au comte Albi, il était jaloux, sans fureur, mais avec un délicat et profond chagrin. Vraiment, Antoine Arnault aimait Donna Marie, et Donna Marie, sans réserves et sans ruse, déjà fidèle, tombait chaque jour sur le cœur de son ami. Ce tendre adultère était devenu son âme, sa tâche et sa conscience ; scrupuleuse, elle demandait à Antoine :

— Est-ce que j'aurai ce bonheur de pouvoir vous rendre heureux?

Quelquefois, il la remerciait doucement, et, d'autres fois, goûtant la saveur d'être cruel, il répondait :

— Laissez mon bonheur, Marie, ni vous ni moi n'y pouvons rien : c'est l'affaire de nos humeurs. Près de vous, que j'adore, je puis rester morne, tandis que la joie délicieuse, quelquefois, comme une eau vive, s'est répandue dans tout mon être, sans raison, venant on ne sait d'où, au cours d'instants infortunés.

Alors, elle pleurait, et se rassurait sous les caresses de son ami.

L'amour que Donna Marie éprouvait lui avait rendu la volupté du soir brûlant sur le canal. Elle s'émerveillait du plaisir, dont elle n'avait point prévu le violent abandon, l'âcre ardeur et la paix. Quoique audacieuse et avide de goûter tout l'amour, elle demeurait timide, de cette timidité qui, plus que ses élans, touchait Antoine.

Cette âme rivée à la sienne, et qui chaque jour, pendant deux heures, perdait pour lui sa prudence, sa pureté et sa force sociales l'émouvait ; il eût seulement voulu qu'elle fût plus souvent douloureuse, semblable aux jours où, sans désir, inquiète d'entrevoir les espaces infinis, Donna Marie pleurait sur les mains d'Antoine Arnault...

VIII

« Ah! pensait quelquefois Antoine, comme pourtant la chère et noble créature me diminue! Il faut que je me penche pour parler à cette âme, qui, dépouillée de son manteau de soie, de sa froideur et de son petit commandement, est assise plus bas que moi dans le monde. Et je m'enfièvre à ce jeu, m'intéresse, me détourne de mon devoir, qui est de toujours conquérir. Certes, Donna Marie, je vous aime. Je vous aime, quand, reprise par votre naturel orgueil, vous parlez nettement et dignement, et que moi je me souviens. Je vous aime quand, dans la salle humide et pourpre de votre palais, vous vous empressez auprès du vieux gentilhomme vénitien ou des futiles dogaresses, et que, d'un regard attachant votre regard, je fais connaître à votre imagination, à votre doux corps sensuel, cet « intolérable répit » que chante le poète Swinburne, ivre d'acide volupté. Je vous aime, petite amie, quand dans l'église Santa Maria dei Miracoli, où vous alliez si chastement faire vos prières, — et qui, vous le voyez bien, est un coffret ardent et triste, une close gondole bombée, et toujours ce carnaval or et noir, — quand dans cette église je vous prends la main, et vous dis, malgré votre peur du sacrilège : « Ma chère Marie, c'est vous Sainte-Marie des Miracles, car de votre cœur, qui était un petit pain ordinaire, vous avez fait une rose brûlante... »

Ainsi Antoine Arnault, sans se perdre dans l'amour de Marie, y goûtait pourtant de précieuses félicités.

Alors le comte Albi, qui voyageait à Florence, à Sienne, revint à Venise. Antoine en eut une extrême douleur, quelque chose qui touchait à ses nerfs, à son honneur. Il pensait qu'il ne devait pas supporter le retour de son rival. Enlever Donna Marie? il n'y fallait point songer ; et quel embarras lui eût été, à la longue, cette sœur chétive, amoureuse et silencieuse, qui buvait, les yeux fermés, l'opium du rêve et du plaisir.

Qu'elle lui jurât de repousser les prières de son mari, comment aurait-il pu la croire, quand il voyait le cruel Italien si exactement et froidement satisfait?

Ainsi, lorsque lui, Antoine Arnault, étant le plus orgueilleux et le plus finement sensuel, avait réussi à fondre dans son cœur une précieuse princesse dorée dont il pouvait penser : « les reines ne sont pas plus douces », l'ennemi venait et la reprenait! Et lui, chanteur dans le jardin, page sous le clair de lune, il n'était pas même entendu de son amie, mourant, dans la belle chambre du palais, entre les bras de l'Italien.

Pourtant, Donna Marie ne lui était point si reprise qu'il ne la vît fréquemment, mais il ne la voyait que pour la tourmenter, que pour se briser le cœur avec elle. La passion et les larmes de son amie ne lui suffisaient pas, il eût voulu d'elle quelque imprudent sacrifice, qu'elle continuât à le rejoindre dans les petits salons du café Florian qui, rouges et dorés, et ornés de miroirs, ressemblent à de frivoles loges d'Opéra ; mais, aussitôt, il la suppliait de n'en rien faire, et, finalement, la repoussait comme si elle lui était odieuse et déshonorante.

La douce Marie pleurait, et goûtait obscurément l'importance d'être un objet de luttes et de débats, de vaniteuses convoitises.

Antoine Arnault affectait de la traiter désormais comme une amie, un camarade. Il lui parlait de littérature ; elle s'efforçait de le comprendre, quoiqu'elle le pût difficilement.

Une fois, il lui dit :

— La phrase que je préfère dans les livres, et qui enfin donne en amour le sentiment de l'absolu, est celle qui clôt Le Rouge et le Noir. « Madame de Rênal fut fidèle à sa promesse. Elle ne chercha en aucune manière à attenter à sa vie ; mais trois jours après Julien, elle mourut en embrassant ses enfants. »

Et Donna Marie, désespérée, demandait doucement à Antoine :

— Que voulez-vous que je fasse?

Il répondait :

— Je ne veux rien. Je veux que vous ne soyez pas, que vous n'ayez jamais été la femme du comte Albi.

Quand il rencontrait le comte, il demeurait avec lui fort poli, ensuite il s'indignait de cela ; puis il se reprochait ses révoltes.

« Quoi! pensait-il, je suis Antoine Arnault! je marche au son de mon rêve, jeune, énergique, ébloui, comme Siegfried quand il suit le chant de l'oiseau! lorsque je pense, le monde et toutes les conceptions du monde sont à l'aise dans mon esprit : je vois l'univers par en dessus, par en dessous et de côté. Tout ce que mon regard touche s'enflamme ; l'histoire, les pensées et les sons, les couleurs, les actions des héros entrent dans mon cœur comme des odalisques au sérail, et je les épouse un instant. Je suis immortel, non point parce que toute une jeunesse et toute une harmonie naîtront de mon âme et de mes livres, mais parce que je me suis connu et parce que je me suis aimé, et que pénétré et fécondé par moi, je suis innombrable et parfait : un signe, un cercle, une planète... J'ai mené plus de deuils et de fêtes dans mon imagination que ne peuvent en regorger les dômes et les palais de la terre. Quand la musique vient à moi, je la reçois en pleurant : elle est ma fiancée immortelle, l'orgueilleuse, l'intangible, la guerrière et la mouvante... Je suis ce que je suis, et je souffre parce qu'un homme me reprend une femme qui est la sienne, qui lui appartient, comme la femme du charpentier appartient au charpentier, et n'est point, ainsi que dans ma folie il m'apparaît, un objet précieux capté par un patricien barbare. »

Mais le souvenir qu'Antoine Arnault avait de Donna Marie pâle et frissonnante, les lèvres et les yeux enivrés, pressant contre lui sa douce épaule aiguë, lui rendait impossible un placide raisonnement.

La torride fin de juillet l'énervait encore davantage. Il voulait quitter Venise, sans pouvoir s'y décider. Il comptait aussi sur le départ, en août, de Donna Marie et du comte Albi, qui, d'habitude, regagnaient les environs de Florence : une maladie du petit garçon allait les retenir plus d'un mois immobilisés.

Antoine aimait la comtesse ; il souffrait de l'aimer, et ne s'épargnait aucune chance de douleur. Il l'appelait chez lui, puis, en pleurant, la renvoyait, un peu soulagé d'avoir vu sur le visage de sa maîtresse l'angoisse du désir longtemps accumulé, du lourd et désirant désir.

D'autres fois, quand elle arrivait si lasse, si couverte de pleurs, si mystique qu'elle souhaitait s'étendre sur le tapis de son amant pour y mourir, il l'accueillait avec une brutale ardeur, et, comme elle s'effrayait qu'on voulût violenter un corps que baignent des larmes :

— Hélas, lui disait-il, avec une impitoyable langueur, tes larmes ne touchent pas uniquement mon âme, ma bien-aimée!...

« C'est curieux, pensait-il ; le chagrin, qui l'affine encore, la rend plus subtile aussi. Voici qu'elle mène à son gré son mari et moi. Elle m'aime, et pourtant ne meurt point. Cette âme s'éveille à la vie, à d'habiles ménagements. Jalouse, elle serait bien plus touchante. »

Il ne restreint plus sa cruauté.

Un jour, il s'emporte contre la jeune femme jusqu'à lui reprocher sa pâleur, sa tristesse, ses bras amaigris.

— Vous n'êtes pas gaie, lui dit-il. Ne retrouverai-je donc jamais ce que j'aimais en vous, votre rire, votre ingénuité, votre gentillesse à vivre?

Et, sans colère, penchée contre son amant, le corps, les mains découragés, emplie d'amour, buvant enfin à la douleur, les yeux plus profonds qu'on n'aurait pu croire, avec une grande pitié pour lui, pour elle, elle dit doucement :

— Vous m'avez rendue si vieille, mon enfant chéri...

Il lui reproche aussi la tendresse qu'elle a pour son petit garçon.

Un petit garçon qui souffre, mais qui ne va pas mourir, qui déjà joue avec les bibelots de bois qu'on met sur son lit, cela vaut-il le cœur d'Antoine

Arnault, où Donna Marie a plus de vie que dans la vie, où vraiment elle fut recréée, douée de son âme, dotée de tous ses plaisirs?

Aussi Antoine la tourmente-t-il activement. De son regard, à chaque minute, il la blesse.

Quand, pendant les chaudes soirées, ils sont, tous ensemble, le comte Albi, quelques amis, et aussi cette rieuse mademoiselle Tournay, sur la place Saint-Marc, autour d'une table où s'alignent les petits sorbets roses, oranges, et que, au centre de la place, joue la musique guerrière, Antoine, d'un regard aigu comme des mots audacieux, enveloppe sa maîtresse pâlissante, que la musique enivre, et qui se trouble d'être, sous l'œil de son mari, si visiblement enivrée ; et ce regard dit nettement à la jeune femme : « O Donna Marie! Quelle senteur ont donc la musique et le plaisir, pour que vous les respiriez en tremblant, en reculant, en avançant, comme fait le cheval d'Arabie quand il sent l'odeur du lion, la profonde odeur du lion rouge? Tu sembles frêle ce soir, ma bien aimée, mais ce qui sanglote en toi, c'est la force, ta force... Le soupir qui circule en toi et qui meurt dans ta bouche, où commence-t-il, où est-il le plus fort?... Les autres et ton mari parlent, boivent, se reposent ; tu fais semblant de les imiter, mais ton imagination, depuis combien de temps râle-t-elle? depuis combien d'instants es-tu pâmée entre mes bras, dans ce coin de la place Saint-Marc, près des lumières et des tasses de café, près de tes amis et de ton mari, sur cette chaise où te voici, par ton désir, défigurée. »

Et, ce soir-là, Antoine est à bout de souffrance. Il n'en peut plus de regarder, sans pouvoir bouger, la pâle comtesse si patiente sous son chapeau penché, dans son léger manteau noir qui couvre ses bras et ses genoux ; et, par moment, elle sourit, comme si tout de même tout cela pouvait se supporter ; elle adresse la parole à son mari, qui répond doucement, et ils s'amusent de quelque chose ensemble...

La place Saint-Marc reluit comme un immense salon d'argent ; les murailles brodées habillent la nuit foncée d'un rigide, d'un éclatant, d'un divin point de Venise! Sur la sombre et lointaine lagune, la sirène d'un navire mugit...

De toute cette ardeur, de cette beauté, Antoine a le cœur brisé.

Il se tourne vers mademoiselle Tournay, il lui dit avec impatience :

— Dans cette Venise qui chante si haut, la sirène que vous venez d'entendre ne détonne point, semble un cri de passion plus aigu que les autres... Voyez quelle complaisance morbide, quel enjôlement des sens...

Et, soudain mademoiselle Tournay, dans les douces lumières, apparaît brûlante. Avec son front bas et ses yeux dorés et sa bouche d'appétit et de fête, cette autre Française apparaît brûlante.

Jamais Antoine ne l'avait regardée : jeune femme ordinaire, négligemment vêtue, qui servait dans le palais à ce que l'on voulait, à désennuyer la comtesse, à éconduire l'importune visite, à obliger le comte et le petit enfant...

Mais, cette nuit, les cheveux en désordre sur le front, le manteau glissé, elle est une Ménade que son ardeur dévêt. Elle regarde d'un net regard, et, dans ses yeux, on voit deux allées, qui s'allongent et se perdent, et disent « Venez, venez, venez... »

Cela est aussi sûr que si c'était en lettres d'or dans ce franc regard. Elle ressemble à une délicate paysanne, et aussi, avec son cou clair et gonflé, à une Amazone gourmande.

Les yeux ont le luisant du scarabée, et les cils ont le velu de la bête des champs.

Sa sensualité est sur sa bouche. Elle sourit et se délecte. Antoine, agacé, voudrait lui enlever ce qui la fait sourire, cette pensée qui la fait sourire, comme il lui arracherait un gâteau des lèvres. Il voudrait lui dire : « Cessez! » Il la regarde, animal insignifiant tant qu'elle n'est point observée, et qui devient lustré, abondant et volontaire si on a deviné son désir, sa lueur d'insecte que l'instinct enflamme et signale aux mâles dans la sombre forêt.

C'est cela qu'elle est, cette fille qui s'habille vite d'une robe rajustée de la comtesse, qui n'a jamais le temps de bien mettre son chapeau parce qu'on crie : « Mademoiselle Tournay, venez vite! » mais dont tout le corps pense au plaisir, dont les cheveux et les dents pensent au plaisir, qui doit être la maîtresse du comte et de tous ceux qui l'ont voulue, comme elle sera la maîtresse d'Antoine Arnault dans une heure, s'il le souhaite.

Au regard d'Antoine, elle a compris qu'il veut d'elle. L'heure qu'elle attendait est venue. Elle est patiente et n'est pas exigeante, mais comme elle goûte l'instant où l'homme qu'elle a longtemps convoité la désire! Que de choses elle a faites! Maintenant, Antoine se les rappelle : c'est elle qui est toujours disposée à tout, qui se réjouit des mauvais hasards, de la pluie qui surprend, du repas qui fait défaut à l'auberge, de tout ce qui emploie son énergie, et l'expose à être sollicitée comme elle se contente de l'être, chaudement, brièvement, fortement!

Un jour qu'Antoine Arnault s'était meurtri la main dans une fenêtre, comme elle s'était empressée, avec un linge, une recette, une aimable expérience ; mais il avait dit : « Laissez »... S'il l'eût regardée, il eût perçu ce regard que le sang grise, que la main, et la voix et le goût de l'homme grisent. Ah! pour se guérir de la douleur qu'il éprouve par la comtesse, pourquoi ne pas suivre un instant cette nymphe brutale?

Il lui dit à voix basse :

— Venez demain matin, à onze heures, au jardin Eaden.

Elle a bien compris, et, un peu romanesque, touchée dans son cœur de petite fille par cet instant mélodieux et triste, elle pâlit, et soupire un peu, et semble plus faible, plus fine, plus grave…

IX

Le lendemain, Antoine Arnault, las, indolent, se dirige en gondole, sur la douce eau verte des canaux, vers les beaux bosquets enfermés. Le jour d'été est divin. L'azur est dans l'espace comme une fête, comme un jardin de roses bleues, de rosées bleues, comme cent mille ailes d'oiseaux d'argent.

Antoine Arnault a laissé sur sa table, à peine lues, les lettres qui, chaque matin, arrivent chez lui, lettres où sa jeune gloire est caressée par les tendres ferveurs, la déférence timide et ravie des jeunes hommes qui ont quatre et cinq ans de moins que lui, et qui l'imitent. Il méprise tout cela, rien ne lui est assez : ce chaud azur, cette paix lourde, dorée, hachée d'or, cette vibration de l'immobile le contentent bien davantage. Solitaire, il est roi du monde, et la jeune femme qu'il va rejoindre ne défait pas sa solitude ; elle est moins une âme qu'une grappe de fleurs odorantes.

Quand il arrive, elle est déjà là. Elle sourit de tout son visage rose et pâle qui déplaît chaque fois que d'abord on la revoit, mais ensuite s'emplit et reluit de secrets voluptueux.

Ils avancent dans le jardin ; il lui tend la main pour l'aider à franchir quelques morceaux de verre mêlés aux brillants cailloux. Elle cède langoureusement : une politesse lui est une caresse dont elle se prévaut pour défaillir déjà. Brave, dans la difficile vie, ici elle devient molle et fière, et se ferait porter par des mains patriciennes.

Ils marchent sous des voûtes de vignes, sous des voûtes de rosiers. L'espace est comme un doux visage fardé de poudre bleue. Quel azur, et quel jardin pâmé! Des roses et des roses! Entassées, oppressées, vives, décolorées, épuisées, se gênant les unes les autres, se prenant leur air et leur vie, s'empoisonnant, s'affamant, ne pouvant dans ce peu de terre subsister toutes, si folles et si nombreuses, elles sont là qui règnent et qui meurent. Leur parfum est tel, que la couleur et l'arome se mêlant, l'air semble rose, tout devient rose par ces roses...

Et voici les cloches molles des digitales, où, adroit et ardent, le lourd bourdon s'enfonce et tremble de volupté.

La jeune compagne d'Antoine sourit de la douceur que lui fait éprouver tout ce fécond jardin.

Autour d'une légère tonnelle où luisent de si petites roses qu'on les prendrait pour des pâquerettes, tournent de tendres papillons blancs, peu sauvages, abattus par la chaleur et le parfum, et qu'on enfermerait dans la main. Antoine et la jeune femme les regardent jouer, et l'un de ces mols papillons, délicatement, lentement, vole vers la petite rose, et de sa bouche lui baise la bouche avec tant de netteté, de force et de perfection que l'on peut voir trembler de désir, de plaisir et d'entente l'insecte délicieux et la fleur favorisée...

Antoine Arnault se retourne et baise ainsi les lèvres de sa compagne.

Mais on n'embrasse point cette jeune femme sans qu'elle meure, sans que son cœur s'arrête et se glace, sans qu'elle devienne la victime ou la tendre comédienne, il ne sait, d'un trop sensible plaisir...

Antoine ne s'attendait pas à de si délicates nervosités ; elle pleure et soupire, et va vraiment s'évanouir...

On pouvait la croire robuste et joueuse, habile et passionnée, mais non qui s'abandonne jusqu'à dénouer son âme, jusqu'à répandre un négligeable trésor qu'on ne lui demandait pas. Quelle revanche prend-elle de sa vie rude et comprimée, de sa claire robe fanée, de son parfum et de sa poudre à bas prix, de sa chaussure lourde sur son pied de nymphe lourde, de sa bague en petite perle sur son doigt rond, enflé? Ah! tout cela qui n'est point fin ni suffisamment convoité, comme elle s'en venge par sa crise de volupté, comme elle se fait précieuse par ses langueurs, par ses vapeurs! Il faut bien qu'Antoine lui parle avec une anxieuse délicatesse, qu'il la tienne et la touche comme une Esther évanouie ; qu'il lui dise : « Je vous en supplie, je vous en conjure, ah! mon Dieu! qu'avez-vous? parlez! »

On la vit dans le palais de la comtesse jusqu'à minuit passé, sans faiblir aider le comte à transporter les lourds volumes d'une bibliothèque qu'il classait à nouveau ; on la voyait, à la promenade, délivrer hâtivement les mains de la comtesse d'une ombrelle, d'un petit paquet ; on la voyait servir, et ici elle est une Ève gisante, qui commande et s'impatiente!

Et Antoine, en effet, est tout ému d'être l'objet d'une pareille scène, d'une si animale scène.

Il s'empresse...

Cette fille au regard brutal, il la faut soigner comme une Hébé qui se serait laissée choir du lit des dieux.

Les cheveux bruns dénoués sous le chapeau chancelant, la robe en gaze de Brousse froissée, une écharpe vive qui glisse, c'est un désordre oriental.

Antoine trempe un mouchoir dans un peu d'eau jaillie du sable, et lui baigne les tempes ; elle dit avec irritation : « Pas ainsi, » et Antoine, plus doucement, passe ce mouchoir sur ce front.

Donna Marie, fûtes-vous jamais si impérieuse? vous qui, dans vos jours de fatigue, pressiez doucement la main bienfaisante qui caressait vos cheveux.

Antoine Arnault emmène sa compagne exténuée en gondole, et puis chez lui, dans cette demeure, — il eût souhaité ne pas le faire! — dans cette chambre où il a goûté les larmes de sa chère comtesse.

Là, elle se guérit, redevient vive et ménagère, refait les bouquets des vases, s'amuse, se rhabille, se déshabille, et, dans les bras d'Antoine, reprend son agonie enivrée, ses pâmoisons, ses syncopes voluptueuses.

Et puis elle s'en va gentiment, pleurant, riant, puérile, coquette, ayant retrouvé sa santé.

Antoine ne sait ce qu'il doit ressentir. Cette fille vulgaire, subtile et malade lui laisse pendant une heure encore un fort parfum. Reconnaissant d'avoir suscité de tels troubles, il estime cette adroite forcenée. D'un corps rude, et déjà fané à vingt-cinq ans, elle fait une âme nuancée qui brûle, se glace, soupire, mord, meurt.

Est-il dégoûté, la désire-t-il encore? Il ne sait. Mais il sent qu'en somme c'est fini. Il n'attend pas de réelle distraction de cette sultane-servante ; elle n'est entrée ni dans son âme, ni dans sa vanité.

La comtesse, la précieuse, le saura-t-elle? Souffrira-t-elle?

C'est cela qu'il faut chercher.

X

Antoine Arnault reçoit le matin Émilie Tournay, tandis que la comtesse vient le soir.

Plus à son aise, mademoiselle Tournay maintenant se repose, flâne, cause, et Antoine voit bien, avec soulagement, qu'elle ignore les relations que Donna Marie et lui ont ensemble.

D'ailleurs, elle n'est point méchante ni perfide ; elle semble attachée à Marie. Si elle est la maîtresse du comte, Antoine ne s'obstine pas à le savoir ; il n'ose demander si le comte éprouve de la passion pour sa femme, s'il est exigeant... Ah! comme ce secret lui perce le cœur! Et, blessé de dégoût et d'humilité à la pensée de ce partage, se vengeant de Donna Marie qui, le soir, innocente et confiante, lui dit : « Il faut toute la vie me rester fidèle... » il ne repousse point les caresses de cette autre jeune femme.

Que Donna Marie le sache? Qu'elle ne le sache pas? Que veut Antoine?

Ah! qu'elle ne le sache pas! Pâle petit cœur aristocrate, qui aime autant qu'il peut aimer, sans héroïsme et sans carnage ; mais avec une douceur infinie, une si noble soumission, et en même temps une confiance si royale! Qu'elle ne le sache pas! Qu'elle continue à vivre, gracieusement, sans que son doux orgueil soit brisé. Et puis Antoine bientôt va partir, va laisser là l'une et l'autre, la rude bergère dont il ne se soucie point, et celle qui lui a appris le triomphe, la perverse ardeur sacrilège, la vanité sensuelle. Il lui dira : « Adieu, Donna Marie, restez avec cet homme qui est votre Fortune et votre époux et qui, moi présent, me déshonore ; mais, quand je serai parti, vous gémirez en vous souvenant de moi près de lui, et, vous étreignant, il étreindra le groupe adultère que vous formerez, unie en pensée à votre amant. Ah! quel plaisant corps à corps pour ce dédaigneux seigneur!... »

Donna Marie, sur la place Saint-Marc, le soir, après le dîner, tandis qu'elle fait quelques pas au bras du marquis di Savini, entend, non loin d'elle, mademoiselle Tournay qui dit en riant, à voix basse, à Antoine Arnault :

— Tais-toi, Antoine!

... Mademoiselle Tournay a-t-elle dit à Antoine Arnault : « Tais-toi, Antoine, » ou bien la comtesse, devenue démente, se figure-t-elle cela? ou bien est-ce une plaisanterie, une comédie, quelque chose d'organisé qui oblige mademoiselle Tournay, qui n'en a pas l'intention ni l'envie, de dire en ce moment à Antoine Arnault, qu'elle connaît à peine : « Tais-toi, Antoine ».

La comtesse ne peut plus avancer ; elle perd la tête ; elle veut savoir... Qui peut-elle interroger? Elle ne peut rien. Elle s'assoit. Le comte Albi et le marquis di Savini font venir des granitti, des cigares.

Antoine, Émilie ne se doutent pas que Donna Marie a entendu cette phrase, pour laquelle d'ailleurs Antoine a considéré avec mépris l'imprudente et vulgaire Émilie.

Hélas, Donna Marie! Vous tenez maintenant le bout du fil : vous allez suivre et vous expliquer les regards de votre Émilie, qui tantôt provoquent et tantôt fuient les yeux de votre amant. Vous allez apercevoir toutes ses ruses, toutes les familiarités qu'elle prend avec lui. Quand il lui parle, elle feint de répondre négligemment, et, s'il se tait, elle s'agite, s'inquiète, se plaint de la soif, de la fatigue. Comme elle rit quand elle le regarde! Riait-elle comme cela autrefois? Donna Marie ne le croit pas, mais peut-être se trompe-t-elle, peut-être est-elle folle?...

« Est-ce que, quand on a la reine, on veut la servante? Est-ce que cette fille n'est pas une fille grossière et rude, qu'on ne saurait désirer? Si un homme, dans un désert, dans la forêt, avait besoin d'elle, il l'aurait et la quitterait après... »

Voilà ce que pense soudain la comtesse de mademoiselle Tournay, qu'elle aimait.

« Qu'y a-t-il? qu'y a-t-il? qu'y a-t-il? crie sa pensée, comme une folle. Est-ce une liaison qui commence, sont-ce les premiers signes, et lequel des deux veut l'autre? Sans doute Antoine méprise Émilie, repousse ses avances... Mais ne le voit-on pas qui semble accoutumé à elle? Il la connaît donc? il s'aperçoit d'elle? et, tout à l'heure, ne lui a-t-elle pas dit avec une rude aisance : « Tais-toi, Antoine... »

Ah! quel dégoût pour Donna Marie! Cette fille va-t-elle séduire son amant? Et son amant, qui est-il, son amant qui n'est rien, qui est de la race, au fond, de cette Émilie? Qu'ils aillent ensemble, s'ils se plaisent... Donna Marie le dira bien à Antoine ; elle lui dira : « Je ne sais ce qu'il y avait, mais il y avait quelque chose qui faisait que je n'aurais pas pu vivre vraiment avec vous... » Mais, hélas, hélas! comme elle l'aime! Ne pouvait-il lui épargner cette douleur?... Pourquoi la tue-t-il ainsi?

Soir du 29 août sur la place Saint-Marc, elle ne vous oubliera jamais!

Voyez. Elle garde une apparence de vie, de mouvement, de douce grâce, mais elle est pantelante comme un guerrier à l'infirmerie, soldat qui sur un lit dur a le poumon découvert, a la mâchoire cassée...

Antoine Arnault ne voit pas l'angoisse de Donna Marie, tant il est occupé à souffrir d'elle, à la détester, parce qu'elle est là, si pâle, entre ce vieux marquis di Savini et son mari.

On ne peut rien se dire ; on se sépare, on rentre chez soi, et Donna Marie, dans sa chambre, meurt de douleur.

Son esprit et sa vie, elle les sent froids comme la pierre, anéantis ; mais tous ses nerfs sautent et sanglotent, et la douleur, mille douleurs circulent en elle, courent dans ses veines et sous sa peau comme une foule dans les rues. Cela fait un mouvement intolérable, un va-et-vient dans son corps... Et elle, alors, se lève et marche, va et vient dans la chambre ; elle voudrait sortir de sa chambre, de la ville et de la vie, aller on ne sait où, dire à Antoine : « Antoine, Antoine tu m'as tuée. Je m'en vais où vont les mortes. Où sont les mortes? »

Et puis elle songe que là-bas, non loin d'elle, dans une chambre du palais, Émilie Tournay se déshabille, entre dans son lit, se repose ; elle songe qu'Émilie Tournay est une petite bourgeoise, une fille sans fortune, qu'elle a aidée, qu'elle a aimée, mais dont elle jugeait et dédaignait toutes les allures, tous les sentiments, toute la forme...

Hélas, cette Émilie, Antoine l'a tenue dans ses bras! Donna Marie n'aurait-elle point dû penser à cela, qu'on ne laisse pas une femme auprès d'un homme? Ne sont-ils pas faits pour l'amour? Non pour l'amour tendre et triste qui en cet instant déchire son âme, mais pour cet autre amour, bref et brûlant. La nature elle-même ne le souhaite-t-elle pas? Ne l'indique-t-elle pas? Les femmes, toutes les femmes, et cette Émilie, n'ont-elles point de tendres corps qui se penchent et avancent, tendus vers les mains des hommes? Les doigts se touchent, les genoux se touchent, tout un être attire l'autre être, et, dans les soirs chauds, les femmes tristes ou légères ne tombent-elles point, comme les fruits las sur la prairie?

Hélas, cette Émilie! tout naturellement Antoine Arnault l'a touchée et l'a prise. Elle, Donna Marie, n'avait donc pas veillé? Il a été, avec cette fille, comme elle sait qu'il est. Elle le voit. Elle sait ce qu'il a dit, ce qu'il a fait. Elle sait tout de son plaisir, de sa gratitude, de ses perverses joies... Hélas! que ne sait-elle de lui!

Et voici qu'elle se sent être la sœur de cette Émilie, ayant le même corps, le même secret, puisqu'un même homme les a goûtées, connues. Les voici deux, toutes pareilles, avec le même souvenir et la même attente ; et Antoine sait leur différence et leur ressemblance. Mais lui, il est le même, il ne change pas, et toutes les femmes qu'il a connues se sont ressemblées, sont devenues comme des sœurs entre elles, parce que c'est l'homme qui parle, et la femme qui entend, s'imprègne et se modifie.

Quelle nuit elle passe! pendant laquelle lentement, sûrement, toute sa vie se défait, se détruit. Puisqu'elle a perdu tout le goût de la vie, qu'elle est vraiment dépouillée d'elle-même, que ne meurt-elle à l'aube? Sa confiance, sa beauté, sa noblesse, Antoine les a trahies avec une fille inférieure. Cela est. On ne peut pas effacer cela. Mais son orgueil n'est pas si blessé que son rêve.

Hélas! elle le sait bien, elle ne peut pas se détacher de lui. Infidèle ou fidèle, n'est-il point toute sa volupté? Le vertige et l'éclair, l'incomparable bouleversement, le désir et le plaisir, cent fois plus vifs et plus satisfaisants que ne sont l'une à l'autre la soif et l'eau, et enfin la langueur qui glisse jusqu'à la mort et jusqu'aux larmes immobiles, ne les a-t-elle point connus à cause de lui, à cause de son regard, de sa voix, de ses mains, fidèles ou infidèles?

… Donna Marie, quand le soir sur l'eau verte et troublée résonneront les tristes chansons de Tosti, et que, la tête renversée, d'une impossible voix, muette, vous adjurerez les cieux et les ténèbres de diminuer votre sensuelle ardeur, que vous importe, si votre ami vous parle et vous enlace, qu'il en ait enlacé d'autres encore?

Oui, Donna Marie, songez à vous-même ; aveuglée par les pleurs ne jetez pas au plaisir le blasphème lyrique, les cris de l'insensé : « Va-t'en, maître de l'extase et propriétaire de la joie! Va-t'en, majesté! Va-t'en, splendeur! »

Vous sentant plus impure par votre plus exclusif désir, n'exigeant plus rien de l'amitié ni du serment, vous connaîtrez d'âcres joies, audacieuses, pourpres, corrosives.

Posez sur votre âme froissée ce beau petit masque d'ivoire dur et rond dont les Vénitiennes du siècle de Louis XV recouvraient leur visage, sous le tricorne noir : votre amant ne reconnaîtra pas votre cœur. Ainsi masquée, goûtez la volupté, laissez glisser sur vous les tendres souffles, les tendres doigts ; votre moins sage beauté effraiera votre amant enivré. Il vous redemandera votre âme. De vos pieds nus à votre cou serré de perles, à vos cheveux chauds et mêlés, vous lui semblerez une énigme audacieuse, et vous posséderez ainsi, jusqu'au désir inassouvi, votre soucieux vainqueur…

Donna Marie ne pense point de cette manière ; elle sent seulement qu'elle souffre trop ; et maintenant, debout à sa fenêtre qui regarde le canal, dans le matin naissant, abêtie, les yeux levés, elle cherche par où, par quels escaliers de l'air, par quelles mystérieuses portes de Venise elle pourrait sortir de la vie…

Tout à l'heure, bientôt, elle prendra sa gondole, elle ira chez Antoine Arnault, et là, elle parlera et elle criera jusqu'à ce que quelque chose soit changé dans tout ceci, dans tout ce qu'elle éprouve, dans tout ce qui est.

Elle est prête, elle sort, elle arrive chez Antoine. Elle ne vient jamais le matin, mais Émilie, depuis une semaine, vient ainsi de bonne heure, et Antoine, recevant Donna Marie, s'épouvante de sentir que l'autre dans quelques instants va venir.

La pâleur de Donna Marie, son attitude sombre et fermée le mettent mal à l'aise ; il ne sait que lui dire. Mais elle parle, et voici que, douce, timide, toujours soumise, elle devient forte, et d'une voix nette, desséchée, elle dit tous ses griefs, ce qu'elle a deviné, ce qu'elle entrevoit, ce qu'elle sait. C'est le chant de la fierté, du naturel dédain, de l'antique et claire hauteur. Antoine ne reconnaît pas son amie plaintive et penchée.

Comment faire comprendre à cette guerrière qu'il l'aimait et la vénérait ? qu'il l'a trompée par douleur ; qu'on ne peut pas laisser sans se venger, sans devenir fou, la femme que l'on aime à l'époux qui revient...

Elle ne veut rien écouter. Et voici qu'une sonnerie tinte, et que sans doute Émilie maintenant est là, devant la porte, tout près.

Pleurant, priant, essayant de saisir les mains de Marie, Antoine la supplie de se taire, de ne point laisser soupçonner sa présence, tandis que lui va tout simplement dire à Émilie Tournay qu'il ne la reçoit pas, qu'il travaille, qu'il ne la verra plus. Mais Donna Marie, brûlante, glacée, haletante, exténuée, sans défense, cédant enfin, tombe dans les bras du jeune homme ; elle baisse la voix et ferme les yeux.

— Dis-lui, — soupire-t-elle, calme, soulagée, — dis-lui que c'est moi que tu préfères...

Au bout de quelques instants, Antoine Arnault revient près de Donna Marie.

Il ne lui dépeint pas le visage d'Émilie, sa colère, ses soupçons ; il hait cette fille, et s'indigne et ne pense qu'à la comtesse. Mais elle ne peut point oublier cet adultère, elle regarde autour d'elle, et, d'une voix blessée, elle dit :

— Ce fut ici... ici!...

Hélas! elle ne peut pas oublier. Elle voudrait tout savoir de cette redoutable Émilie, ses défauts ou sa beauté ; elle voudrait la voir souffrir, et lui dire fortement, tranquillement : « Cela ne me fait pas de peine que vous souffriez. » Elle ne s'inquiète pas de savoir si Émilie a des soupçons et peut la perdre, elle veut se venger.

Antoine la conjure d'être raisonnable afin de garder son secret. Elle répond :

— Oui, mais oui.

Cependant elle songe :

« Je ne me perdrai pas en disant à cette fille ce que je pense d'elle, combien je la méprise. »

Et, comme elle revient chez elle, elle trouve devant la glace du salon, coquette, riante, Émilie Tournay.

Elle ne peut rien dire pendant le déjeuner. Le comte annonce qu'il va passer trois jours dans la montagne, où verdissent les beaux paysages de Giorgione. Ah! quelle délivrance pour Marie! Comme elle va retomber sur le cœur d'Antoine, lui faire répéter jusqu'à l'épuisement, jusqu'à ce que les mots usés, pressés, n'aient plus de sens, tournent et tombent, qu'il l'aime, qu'il souffrait, qu'il est jaloux, qu'il meurt. Et comme, tout à l'heure, dans la maison silencieuse, loin des oreilles de l'époux, elle va doucement torturer cette Émilie détestable!...

XI

Le comte vient de partir, il a dit adieu à Donna Marie, il lui a baisé une main, et puis l'autre main.

Émilie Tournay est restée au salon près de la comtesse. Elle chante à voix basse en s'occupant des fleurs ; elle semble rire ; elle passe plusieurs fois près de Marie, et de son pied repousse la longue traîne étalée autour du fauteuil de la comtesse. Elle va sans cesse près du miroir, et se regarde, et s'arrange. Elle se plaît, elle se flatte elle-même. Donna Marie ne peut plus supporter cela. Elle lui dit deux ou trois mots insignifiants, mais de quel ton agressif! Émilie se retourne, surprise ; elle veut s'empresser auprès de Marie, et, comme à l'ordinaire, lui prend doucement le bras ; mais Marie, ne pouvant dominer son regard qui devient froid et pâle, sa voix sèche qui s'élance, dit en riant de colère à Émilie :

— Ma chère, vous aimez Antoine Arnault.

— Et vous aussi, répond celle-ci d'une voix douce, d'une voix indulgente, aimable.

Donna Marie dédaigne cette phrase. Elle reprend :

— Vous l'aimez. C'est lui qui me l'a dit, qui me l'a raconté... Vous ne savez pas comme il en riait!...

Mais Émilie pâlit :

— Il ne riait pas, dit-elle, quand il vous trompait avec moi.

— Avec vous? reprend Marie ivre et blanche.

Et elle ajoute :

— Je ne sais pourquoi je vous parle : une seule de mes pensées vous pousse et vous fait rouler par terre... Avec vous, ma chère? on ne trompe pas moi avec vous... Vous, on vous prend parce qu'on a pitié de votre désir, de votre besoin, de votre maladie amoureuse ; parce que vous suppliez les hommes, et qu'on a pitié de cela ; parce que...

— Pourtant, dit Émilie, tranquille et féroce, il vous a trompée avec moi.

Donna Marie, qui était debout et marchait s'arrête ; elle regarde son ennemie assise et obstinée.

— Vous, dit-elle (comme elle est pâle et forte), vous? Regardez-vous! Que chercherait-on sur vous? Le goût des robes que j'ai portées, et que je vous ai données? Elles étaient plus belles quand je les ai mises... Non, ma chère, on ne veut pas de votre âme ordinaire, de vos mains lourdes, de vos pieds lourds, de votre basse coquetterie, de votre gros linge brodé, par amour... je vous le dis, reprend-elle avec une espèce de calme et de bonté, et, comme on donne un renseignement, — il vous a prise par pitié...

Émilie Tournay ne sait pas répondre. Sans doute son cœur éclate de haine, mais elle ne peut enfreindre l'habitude de la servile et lâche douceur. Tant de fois, dans sa vie, elle s'est excusée! Excusée d'être en retard, de s'être mal acquittée de telle commission, de se trouver souffrante au moment où l'on a besoin d'elle... Elle voudrait s'excuser encore.

Cette nécessité de se rendre aimable pour vivre est entrée dans son sang, et apaise ses plus vives colères. Par instinct, par habitude, sous l'avalanche d'injures, elle voudrait prendre Donna Marie, la conduire vers la chaise longue, l'étendre, la reposer, la guérir.

Elle la hait, et ne peut que caresser, à cause de cette habitude des soins.

Mais Donna Marie n'est pas assouvie. Chaque fois qu'elle regarde Émilie, elle pense, elle sent : « Il l'a eue. » O prestige de la créature que l'amant a pressée! Mystérieux nuage d'or sur l'ordinaire fille! Donna Marie est attirée en même temps que rebutée. Elle voudrait questionner, elle voudrait s'asseoir près d'elle et lui dire : « Je vous méprise ; c'est fini. Maintenant, causons. Racontez-moi, racontez-moi... »

Les yeux dans ses mains, elle écouterait les confidences voluptueuses, l'affreuse confession voluptueuse. Et, en même temps, elle dirait à Émilie : « Comment, il a embrassé vos mains larges et moites? Voyez mes mains... Et quel parfum trouvait-il à vos cheveux crépus, mêlés? Et comment avez-vous fait pour cacher vos souliers, qui sont si ridicules avec leur aspect chaviré? »

Et puis, en somme, tout à l'heure, elle dirait à Antoine : « Tu me dégoûtes et elle me dégoûte ; allez-vous-en l'un avec l'autre... »

— Je vais voir ce que fait le petit, reprend finalement Émilie Tournay, gênée, qui cherche à se retirer, à ne plus être là.

Elle s'en va silencieusement, ayant l'intention de ne plus peser, de ne pas irriter...

Donna Marie, seule, réfléchit.

Cette fille la tient désormais. Certes, pense-t-elle, depuis longtemps Émilie a tout deviné ; elle n'en parlait pas, elle était discrète, tout occupée à vivre commodément, paisiblement... D'ailleurs, elle est naturellement discrète, c'est sa vertu, son obscur honneur, sa rude délicatesse... Mais maintenant! Que ne peut-elle dire au comte! Oui, Donna Marie a de quoi se disculper : nulle autre preuve que celles de l'amitié, d'une gracieuse et vive entente ; cependant la méfiance du comte éveillée, voici mille obstacles qui surgissent et empêchent l'ancien bonheur. Et cette Émilie, il la faut écarter. Marie ne veut pas la voir.

Mais si Antoine ne supporte plus la jalousie que lui inspire l'époux de Donna Marie, si c'est pour cela qu'il a trompé sa chère maîtresse après l'avoir beaucoup fait souffrir, hélas! quelle douceur et quelle paix peut-elle espérer encore?

Il faut qu'elle s'entretienne avec lui. Elle sait qu'il l'attendra, Fondamenta Bragadin, tout le jour. Elle sait aussi qu'il a écrit à Émilie Tournay qu'il serait absent, qu'elle ne revînt pas. Elle va le voir. Quelle douceur!

Et, quand elle arrive chez lui, elle le trouve si tendre et si triste, si plein de bonté, qu'elle oublie ; dans l'appartement où l'autre aussi fut choyée, elle ne voit plus qu'elle-même et que lui, leur plaisant passé, leur chaude confiance. Collés l'un contre l'autre, de leurs bras désespérés ils s'attirent, se retiennent ; ils se taisent et s'enlacent.

Donna Marie est vêtue d'une légère robe turque, brodée, dorée, et, avec sa douceur tiède, sa frêle pâle beauté, sous le vêtement lamé, elle fait songer à mademoiselle Aïssé.

— Petite dame triste et chérie du beau XVIIIe siècle, soupire Antoine, étions-nous bien faits l'un pour l'autre ; vous faible, hautaine et frivole, et moi qui souffre trop de vous?...

Elle ne répond que par de tendres soupirs qui viennent de la paix de son âme. Tout à l'heure si inquiète, si bouleversée, elle est tranquille et heureuse de nouveau. Non, elle ne peut quitter son époux, son enfant, sa petite puissance sur Venise et Florence, mais elle est plus habile aussi, elle gardera mieux son amant...

Ils restent longtemps ensemble.

Donna Marie pense : « Il y a pourtant quelque chose de brisé », mais elle n'ose pas le dire, de peur que, si elle le dit, cela soit. Quand elle était petite, elle s'en souvient, devinant que son père venait de mourir, dans le salon où l'on était réuni elle se bouchait les oreilles, pour ne point entendre quelqu'un lui dire : « Votre père est mort. »

Elle sentait que ce serait plus absolu lorsqu'on aurait dit ces mots, et que le silence est bienfaisant, incertain encore, pareil aux limbes indécises.

Jusqu'au soir ils restent ensemble ; une petite sonnette tinte.

— Ce n'est rien, dit Antoine à Donna Marie qui sursaute, ce sont les lettres...

— Voyez, dit Marie. Émilie a dû vous écrire.

En effet, Antoine rapporte une lettre d'Émilie. Il voudrait ne pas l'ouvrir en ce moment, mais Donna Marie, inquiète, avec de nouveau son regard de chasseresse qui se fatigue, s'épuise, insiste. Il ouvre cette lettre. Elle attend qu'il la lise, mais il la replie ; alors, elle la prend, et son visage, à la lecture, s'irrite. Curieuse lettre! insensible, aiguë et fière, et dont l'adieu se termine par une phrase qui transperce, exténue Marie.

« Je suis contente, écrit cette fille à son amant, je suis contente que tu me quittes tandis que tu me désires encore! »

Antoine a beau se désoler, il goûte au fond de son cœur les colères de ces deux femmes, leurs plaintes, leurs parfums emmêlés.

Marie demeure étourdie, déconcertée de cette phrase, et rancunière.

Quand elle rentre chez elle, elle ne sait que faire. Elle voudrait pousser cette Émilie, si elle la voit, et marcher dessus. Mais on lui dit :

— Mademoiselle Tournay est souffrante.

Et ce fort pitoyable instinct, cette animale pitié de l'être pour l'être, la solidarité de l'espèce enfin, que la maladie ou la mort éveillent, adoucissent déjà Marie.

— Ah! dit-elle à voix basse.

Et elle se dirige vers la chambre d'Émilie...

... Cette Émilie en larmes est dans ses bras! Marie ne sait pas comment cela se fait, mais cette bacchante qui sanglote et se trouve mal est dans ses bras, et voilà Marie toute bouleversée par le poids, le corps, le désordre de cette fille pâle qui menace de mourir, qui, une main sur son cœur, le visage grave et fermé, étouffe, n'a plus de respiration, et, de toute sa force, pend dans les bras de Marie. Et Marie n'est plus qu'une sœur qui veut réchauffer cette vie lamentable. Une sorte de passion, d'ivresse, de sensuelle bonté s'émeuvent en elle au contact de cette malade. Elle s'empresse, et, d'une voix tendre, avec des paroles d'amour, appelle cette endormie...

Elle l'étend et lui baigne le front ; elle la soigne, comme Antoine, dans le jardin de roses, l'a soignée. Et, comme dans ce même jardin, Émilie, seulement assoupie, avec une hautaine langueur se laisse raviver. Et, dans la bonté de Marie, dans la chaude, animale bonté, passent des éclairs de douleur qu'elle accueille avec une brusque sensualité.

Émilie, morte de volupté dans les bras d'Antoine Arnault, devait être comme elle est là, rigide et pâmée, avec le visage soudain grave et royal! Et voici que Marie songe : « Si Antoine était là, s'il venait, comme elle guérirait vite! Elle tournerait vers lui ses yeux encore clos et ses bras. Et lui, ému devant ce corps qui semble mort, pris de pitié, de douceur, se précipiterait... « Qu'as-tu? lui dirait-il ; me reconnais-tu? C'est moi. »

Hélas! à ces pensées, Donna Marie se rapproche d'Émilie qui, lentement, les yeux fermés, encore glacée, reprend son souffle régulier ; et, tandis qu'elle la soigne et desserre le corset sous le flottant peignoir, elle s'intéresse de connaître — quelle trahison! — les faibles beautés de la patiente, la taille lasse et la peau fraîche, qu'elle s'enivre de sentir inférieures à sa propre beauté...

Quand Émilie se raccroche à elle d'un geste devenu naturel, familier, Marie voudrait reculer ; mais, amèrement, elle pense : « Je la goûte comme l'autre l'a goûtée. » Et, avec un mortel plaisir, elle sent contre sa joue les larmes d'Émilie, les larmes salées, elle tient ses mains brûlantes, elle respire la vive moiteur, la peau luisante et gelée, l'arome des cheveux sauvages.

Lorsque Émilie reprend ses sens, il semble que les reproches et les colères aient sombré dans cette vive et chaude scène. Elles sont toutes les deux sans défense. Émilie, la première, retrouve une audacieuse tranquillité ; elle remercie, et Donna Marie, accablée, se retire maintenant.

Comme ces deux journées l'ont changée! Elle n'a plus la force de lutter. Entre Antoine et Émilie, elle meurt de déceptions, de regrets, d'incertitude. Elle voudrait se reposer, s'en aller ; elle ne peut quitter encore le petit enfant souffrant... Veut-elle éloigner Émilie Tournay? Elle n'en a pas la force : depuis tant d'années, elles vivent ensemble. Elles se sont aidées dans les villes étrangères, dans la vie étrangère ; elles se sont habituées l'une à l'autre.

Maintenant, souffrante et couchée à son tour, dans son abattement Donna Marie s'attendrit de voir errer auprès de son lit, avec des pas soigneux et légers, et son jeune parfum vivant, Émilie Tournay, adroite et dévouée. Une fatigue des nerfs, une grande lassitude amollissent la triste comtesse. Elle tourne ses regards vers son petit enfant, et quand le comte revient, elle s'attache à lui avec une lourde et confiante torpeur.

Antoine Arnault : voilà son ennemi véritable. Elle redoute de le voir. Comme il lui a fait du mal!

Chez cette faible Marie, un choc si fort, une si grande dépense d'énergie ont épuisé le sentiment. Elle se plaint de lui à Émilie Tournay, qui ne le défend pas. Elles s'entendent toutes les deux, et cette intimité, cette faiblesse attachent l'une à l'autre les deux femmes, font naître chez Marie exténuée, l'enfantine et sentimentale confiance, et chez Émilie l'actif dévouement. Les voilà liées, liguées.

Las d'attendre un appel, toujours retardé, auprès de sa maîtresse malade, Antoine, abreuvé de mélancolie, de désenchantement, un soir quitte Venise, et, de Florence, il écrit à Donna Marie.

« Madame,

» J'erre depuis trois jours, empli de vous et triste jusqu'à mourir. Mais bientôt votre image s'effacera dans mon cœur.

» Je vous quitte, petite âme blonde, fragile et hautaine, parce que déjà vous me quittiez. Vous retourniez doucement à votre passé, à votre rigueur, vous ne saviez plus de moi que mes baisers ; encore les pouviez-vous confondre avec ceux que vous donnait votre époux. J'ai souffert et vous avez souffert, je ne peux rien vous reprocher. Je n'avais pas pour vous d'amitié, et notre amour est brisé. Vivez. Votre chère beauté, dans les soirs de Venise, enivrera plus d'un jeune homme. Ne soyez pas malheureuse. Si, pendant quelques jours, vous souffrez, attendez ; je vous jure que cela passe. Votre folie eût été, lorsque je vous le demandais, de tout quitter et de me suivre.

» Quelle part de vous ai-je aimée en vous, je ne sais. Je me suis aimé moi-même sur votre douce et claire beauté.

» Hier, je suis resté plusieurs heures dans la villa que vous habitez en automne, sur les collines de San Gervasio. J'ai vu les grandes salles graves où des échos sommeillent ; la salle à manger qui donne sur le jardin de citronniers ; votre salon obscur, tout enorgueilli et parfumé des soies, des reliures, des faïences de la vieille Italie.

» Je sens que là vous vivez noblement, dans votre sombre robe couleur de l'olivier, entourée de respects et de servilités, négligente et affairée, regardant par distraction, au mur, le médaillon de terre bleue et blanche, de Lucca della Robbia, qui représente un petit garçon emmaillotté.

» Le mal que je vous faisais, je cesse de vous le faire en m'en allant. Hélas! mon amie, vous, si légère, vous alliez être submergée par l'ombre et la cendre que mon cœur répand autour de moi. Moi seul je peux résister à ma tristesse, à mes cruels déplaisirs. Je rechercherai la solitude. Ce matin, au couvent de Saint-Marc, dans les divines cellules où la douce, innocente fresque, placée à gauche, semble vivre et chauffer comme un cœur irisé, j'ai goûté la paix de la mort ; et quand, au-dessus du beau sapin touffu qui fait le milieu du petit jardin, dans l'azur lisse comme une dalle, une cloche a sonné, j'aurais aimé, destitué de toute volonté, mêlé à un troupeau paisible, sous le regard d'un prieur désabusé, me rendre à quelque réfectoire, à quelque atelier, à quelque étude, enfermé désormais dans une sourde, aveugle et maigre discipline.

» Mais, tout à l'heure, dans le cloître plus tendre encore de San Domenico, à mi-chemin de la colline de Fiesole, j'ai pu sentir que ni l'isolement, ni les clôtures n'empêchent dans ces asiles l'entrée de la tristesse et de l'ardeur.

» Là, elles tombaient du ciel, du morceau de ciel bleu suspendu au-dessus du silencieux jardin muré.

» Les tristes rosiers cloués aux murs roses ; l'infini silence de la petite pelouse, de l'eau plate dans le puits, des fenêtres, des toits ; le temps démarqué, qui passe sans qu'il soit nécessaire pour ces captifs de connaître la date et les saisons, tout ce néant, tout cet infini constituait le plus puissant aphrodisiaque. Et je me blessais à penser à vous, à vous désirer comme jamais je ne vous ai désirée. Dans ce couvent perdu sur la colline, l'éternité ne m'eût pas suffi à vous aimer.

» Hélas! je crois voir encore tournoyer le soir rose et bleu…

» Lorsque, chancelant de mélancolie, je suis sorti de cet enclos, j'ai regardé le moine qui m'ouvrait la porte, un jeune franciscain vêtu de bure et de cuir, qui lui, vit là. Gorgé de repos et de silence, son vigoureux visage brillait comme celui d'un guerrier, d'un chasseur, d'un amant. Il semblait ivre d'appétits, fougueux comme un cheval au soleil… Et je l'ai vu disparaître, se replonger, s'ensevelir, derrière moi, dans l'ombre de son monastère, dans l'odeur de pierre, de tiédeur et d'encens…

» Madame, ces rêveries qui bouleversent mon âme et ornent encore votre image, recevez-les dans vos petites mains futiles et bonnes. Oubliez-moi, et, plus tard, si vous aimez l'orgueil, qu'il vous soit cher de penser que c'est vous que, dans Venise, Antoine Arnault a aimée. C'est vous qui fûtes pour mon cœur, au-dessus de l'eau verte, dans la fenêtre dorée, Yseult et Desdémona. C'est vous qui chanterez dans mes livres, au regard des jeunes hommes. Petite immortelle qui, sans moi, fûtes demeurée secrète et périssable, une dernière fois je vous contemple comme une créature vivante, et, maintenant, j'entre avec vous dans le jardin des souvenirs, amie endormie et divine… »

XII

Antoine ne sut pas l'effet de sa lettre sur Donna Marie ; elle ne répondit pas.

Il quitta Florence, et lentement, longeant la mer, il descendit vers son pays.

La peur de la solitude, qu'il pensait aimer, lui fit rechercher, en cette fin de septembre, Martin Lenôtre. Celui-ci habitait sa maison familiale, dans la verte campagne.

Antoine fut tendrement reçu.

Souriant et heureux, innocent et actif, Martin Lenôtre, d'âme immobile, sans évolution de cœur, accueillait son ami. Tous deux se promenaient dans les longues allées d'un jardin feuillu, où, déjà touchés par l'automne, des massifs d'héliotropes, de géraniums, s'éteignaient comme de belles flammes.

Le matin, l'air dépouillé des voiles de la chaleur et du soleil, donnait son parfum vif et nu. Une odeur d'eau, de buis et de violettes, humide comme un petit nuage, flottait aux deux bords des sentiers. Martin respirait doucement, satisfait de la fraîcheur comme il l'avait été des journées torrides ; mais une mélancolie profonde, un mal incomparable déchiraient l'âme d'Antoine Arnault.

— Qu'as-tu? lui disait Martin. Tu es triste, sans raisons, puisque tu reconnais que te voilà libre, exempt de regrets, tourné vers l'avenir...

— Oui, — répondait Antoine, toujours sombre, — j'éprouve une tristesse sans raisons, initiale, finale, profonde... Ai-je dit, reprenait-il, que j'étais triste sans raisons? Non, Martin, tout m'est une raison de tristesse. A peine au centre de ma vie, j'en vois déjà le néant, et j'en prévois le déclin. Martin, si tu rapproches et entasses les plus belles victoires, l'azur du golfe de Naples, la jeunesse et la musique, tu n'atteindras point encore à ce qu'est mon ambition, ou plutôt mon élan, mon ardeur à vivre! L'univers est pour moi différent de ce qu'il apparaît aux autres hommes : les plus hautes montagnes me sont des collines que mon esprit franchit aisément ; les villes des villages, et l'espace un étroit jardin. Par moments, ayant dépassé toutes les formes et tous les contours, je contemple le royaume immense et blanc de la folie... Martin, que fait-on sur la terre? même si on avait le bonheur, on ne voudrait pas le continuer. Il faut la vie ascendante, et qui voudrait nous suivre dans cet insatiable enthousiasme? Ainsi, nous perdons nos amis, nos habitudes, nos plaisirs. Je le sens, chaque jour je m'enfonce davantage dans ce désert royal où les autres ne me sont plus rien. Et que puis-je sur moi-même? En vain essaierai-je d'arrêter en moi un mouvement qui me nuit, me détruit en même temps qu'il m'augmente. « Il pense en moi. » Cela déjà nie toute la volonté ;

« il pense en moi » d'une manière qui m'afflige et qu'il faut que je supporte... Je n'ai pas trente ans, Martin, et voici que j'ai rompu avec ma vive jeunesse, avec mon enfance, l'illusion, l'espérance et la riante énergie. Je ne suis plus le même. Qu'est-il survenu, qui brusquement m'a dit : « Tu es changé, et le monde, tel qu'il se reflétait dans tes yeux, est changé. »

— Tu dois être souffrant, interrompit Martin. C'est une âme délicate que l'organisme ; les troubles du foie...

Mais Antoine l'arrêta :

— Laisse, Martin. Il faut que l'on soit malheureux, ou, si tu veux, subtilement malade, vous n'y pouvez rien. L'esprit a ses raisons que la science ne connaît pas. Je vais te dire mon malaise : je pense, et, généralement, on ne pense point. Vois les êtres vivre. Ils passent doucement de la force à la sénilité, ils étaient des hommes, ils sont des vieillards. Ils n'ont point réfléchi, et ce passage s'est opéré insensiblement. Mais, pour celui qui se regarde et se voit, quels sujets d'impuissante détresse, d'infinies lamentations! Ah! Martin, un jour viendra, — un jour proche déjà — où, lisant comme à mon ordinaire, je sentirai que ma vue est changée. Je ne comprendrai pas d'abord ; je me lèverai, je m'approcherai de la fenêtre, de la lumière ; mais, bientôt je m'apercevrai que l'obscurité est en moi, que la destruction lentement s'est établie dans l'œil présomptueux : la mort aura commencé son œuvre! N'est-il pas raisonnable qu'un tel sort nous affecte? Je vieillirai! Il me restera l'honneur, les dignités, la connaissance du monde, hélas! tout cela à moi que rien n'intéresse, qui n'ai demandé à l'univers que quelques pâmoisons! Si je m'accorde un prix considérable, c'est que je me sens aujourd'hui apte aux glorieuses entreprises ; mais mon orgueil, lucide, avec toutes mes chances décroîtra. Martin, que nous restera-t-il de l'amour? Comme je la médite avec amertume, cette anecdote que conte sur soi-même le galant Fontenelle! « Ma maîtresse me quitta, dit-il, et prit un autre amant. Je l'appris, je fus furieux ; j'allai chez elle et je l'accablai de reproches. Elle m'écouta, et me dit en riant : « Fontenelle, lorsque je vous pris, c'était sans contredit le plaisir que je cherchais. J'en trouve plus avec un autre : est-ce au moindre plaisir que je dois donner la préférence? Soyez juste, et répondez-moi. » Fontenelle n'était pas sensible : « Ma foi! répondit-il, vous avez raison. » Aujourd'hui déjà cette gracieuse histoire me crève le cœur, tandis qu'à vingt ans, je me souviens d'avoir ri, amusé, un jour qu'une petite amie qui m'avait beaucoup aimé et qui cessait de m'aimer, désespérée, essayant d'arrêter la destinée, me serrait contre elle et me criait : « Plais-moi encore, plais-moi encore! Hélas, je me détache de toi! »

Martin Lenôtre, heureux et bon, écoutait avec plaisir des phrases qui lui étaient une harmonieuse tempête.

Antoine s'arrêta de parler et réfléchit. Puis il reprit :

— Tu n'en peux douter, Martin ; comme toi, j'adore la science, oppressée et lumineuse. Le procès de Galilée, si j'y songe, fait saillir dans mon âme ces muscles de l'exaltation qui, dans la mêlée des idées, feraient de moi un guerrier ; je voudrais voir s'élever sur ma ville la statue de la déesse Science. Moi-même, en lettres d'or sur la pierre, je lui dédierais son image. « Tes cheveux, lui dirais-je, ont les rayons de l'or, du manganèse et du sodium ; tes yeux mesurent la distance des astres, ta gorge a le rythme des mathématiques éternelles ; une de tes mains s'appelle « Audace » et l'autre « Apaisement de la Douleur », et tes genoux, à chacun de leurs mouvements, avancent le bonheur des hommes! » Mais, mon ami, dans les soirs tristes, solitaires, quand le léger mécanisme de mon cerveau se détraque, et, qu'insensible aux raisonnements comme un enfant malade à la lecture, je réclame pour mon cœur de naïfs bonheurs colorés, ah! qu'elle-même alors est impuissante! comme je n'ai rien pour moi, moi qui n'ai pas l'animale habitude de vivre, la douceur chaude, inerte, de la bête au terrier!

Antoine Arnault que son discours enfiévrait, portait par instant ses mains à ses tempes d'un geste pathétique que Martin admirait.

— Tu te plains, lui dit-il avec un rire tendre, tu te plains, et tu sens ainsi, tu peux donner à des livres le son de ta voix, de ta vie…

Alors Antoine Arnault, amèrement, se débattit.

— Ne me parle plus, supplia-t-il, de livres, de littérature. Hélas! où en est venu le divin métier! Regarde. Combien sont-ils dans l'auguste enceinte? Vois toutes ces créatures qui chantent : de leurs voix mêlées s'élève une hideuse cacophonie. Des livres et des livres! On ne peut, dans ce tapage, distinguer la voix privilégiée. La poésie et le roman coulent comme deux fleuves fades ; les âmes les plus ordinaires usurpent un peu de gloire. Charlemagne, quand on chantait faux dans son temple, se levait, en habits d'empereur, et, de son sceptre dur, il frappait à la tête le malheureux, le misérable ; faut-il qu'Apollon se montre moins fier, et tolère, sans les châtier, tant d'offenses? Martin, je n'ai plus rien à entendre des humains ; il ne me restera de plaisir qu'à mourir, qu'à entrer dans l'ombre où sont mes rois morts, les divins, les fous : le géant Hugo, qui, avec des mots, faisait le soleil ou la nuit, le géant Nietzsche, qui, pour les pas de son orgueil inouï, inventait des ponts au-dessus des nuées…

Antoine Arnault s'arrêta, demeura silencieux, puis il soupira :

— Cela aussi est néant. Oh! mon ami! l'immense ennui de Pascal, je l'ai bu jusqu'à la lie…

Martin réfléchissait doucement à l'état de son ami, dont la détresse l'inquiétait.

— Ne voudrais-tu pas te marier? suggéra-t-il. Mais tu aimes ta tristesse, put-il ajouter en voyant le geste de refus que fit Antoine.

— Peut-être, je l'aime, répondit Antoine ; je ne sais. C'est comme si j'entendais tout le temps au fond du bois profond, touffu, le cor, le son du cor, qui est la plus pleine mélancolie qu'on puisse imaginer : l'on écoute, l'on meurt, et l'on ne peut bouger...

Martin Lenôtre n'essayait point de donner à Antoine son propre bonheur en exemple ; il savait bien que l'harmonie et la paix lui venaient de son caractère et que, pour qu'Antoine les pût goûter pareillement, il lui eût fallu d'abord se dépouiller de soi-même.

— Oui, — soupirait Antoine, alourdi de passé, — que de choses mortes, déjà mortes! Morte pour moi, la douce madame Maille, qui avait des yeux d'eau tendre, et cette tristesse de l'âge qui, près de moi, dut si souvent percer son cœur ; mortes dans mon âme, elle et sa maison, et l'odeur de Chypre de ses mains, et nos courses du soir dans Paris illuminé, et ma jeunesse et sa jeunesse! Morte aussi, la fille du maître, la petite Corinne, dont un soir j'ai aimé les larmes, comme j'aimais la nuit qui était au-dessus de nos têtes... Et, maintenant, ce souvenir est où est cette nuit, effacé, disparu, perdu. Évanouie, la jeune femme folle qui réchauffa mon cœur dans les froides Flandres ; morte, Émilie Tournay, dont les soupirs, au-dessus des roses d'un jardin de Venise, avaient la violence du printemps, de la musique et du vin ; mourante aussi dans mon âme, de jour en jour, hélas! Donna Marie, qui, pendant six mois, fut ma vie, la lumière et la chaleur de ma vie... Que ne puis-je être fidèle! Fier et noble bonheur! Comprends-tu, Martin, je n'ai plus besoin d'elles, c'est fini. Leur douceur, leur beauté ne m'ajouteraient rien : je cesse de les voir dans mon âme. Petites ouvrières désormais inutiles, elles rentrent dans l'ombre, et je garde entre mes mains leur doux travail. Il me serait impossible de les aimer encore, de regoûter à ces pêches dont mes baisers ont épuisé l'arome et l'eau. Ma destinée, ma force, l'avenir :

Millions d'oiseaux d'or, ô future vigueur! »

voilà ce qui, à mon insu, dirige ma vie ; mais je ne sais que faire de la vie... La gloire me lasse sans m'apaiser, et déjà diminue en moi la sainte jalousie, l'ardent orgueil, l'émulation : « César pleura quand il vit la statue d'Alexandre... »

» Hélas! reprit-il en riant, quand je songe que les moralistes nous font un grief d'être inconstants, d'être volages, cruels ; que ne donnerais-je pas pour aimer encore, comme je l'aimais, ma première maîtresse! Douces années ; mais je ne puis. Voilà mes torts. L'affreuse lettre que le vicomte de Valmont fit parvenir à la présidente de Tourvel, et où, après chaque aveu de rupture, de lassitude, de dégoût, revient l'impitoyable : « Ce n'est pas ma faute », est une juste étude de physiologie. Il est atroce qu'elle soit parvenue à la présidente de Tourvel, qui en mourut, mais toute la faiblesse involontaire de l'homme y est raisonnablement confessée...

Et Martin renonçait à le vouloir guérir.

« Le temps, pensait-il, peut seul modifier ce caractère... »

XIII

Antoine Arnault revint à Paris.

Il reprit sa vie nombreuse, affairée, le cœur détaché de tout.

Mais par moments son orgueil sursautait. Les nouvelles renommées aiguillonnaient sa force. « Il ne faut pas, pensait-il, que les autres passent!... » Et d'un discours, d'un article, d'un beau livre, il arrêtait les jeunes essors, il demeurait le premier.

Parfois encore il songeait à Donna Marie ; il reconnut un soir ; sur une enveloppe, le timbre d'Italie ; c'était un mot d'Émilie Tournay où cette injurieuse personne offensée s'écriait : « Si je vous eusse aimé comme j'ai aimé d'autres hommes, votre conduite m'eût peut-être contrariée ; mais je n'eus pour vous que de l'indifférence et du mépris... »

Et Antoine s'amusa d'évoquer cette Émilie telle qu'il l'avait connue.

« Émilie, songeait-il en riant, vous ne pensiez point tant de mal de moi, quand, renversée au jardin Eaden, vous respiriez sur mon cœur, passionnément, comme si le vêtement et le col de votre amant eussent été empreints d'un parfum rapide et délicieux dont vous vouliez tout avoir. »

Quelquefois Antoine Arnault pensait :

« Quel sera maintenant le mystérieux avenir? ou plutôt que serai-je? Je ne puis me prévoir, mystérieux moi-même. »

Il fit plus âprement de la politique. Il parlait à la Chambre. Il eut des ennemis ardents. Ses discours irritaient. Un jeune prince de la droite, par jalousie, l'attaqua, et sur la vive réponse d'Antoine fit mine de s'élancer. Minute inoubliable : toute la gauche, debout autour de l'agresseur, levée comme des montagnes, se retenait à peine de dévorer ce page! Antoine connut l'amour des mâles, ce que pouvait l'éloquence. Il eut avec son rival un duel où il le blessa, mais il eût voulu cent fois le tuer. A ces enivrants combats de mornes jours succédaient.

Un an passa.

Antoine fit jouer une pièce qui provoqua un élan d'amour dans sa ville. Tous les soirs les planches poudreuses de la scène furent comme un profond divan où il posséda le cœur blessé, le cœur traîné des nerveuses spectatrices. Ce triomphe lui fut sensible, il se crut heureux.

Un matin, un jeune poète, qui admirait Antoine, lui apporta le manuscrit d'une pièce en vers. Ce poème était élégant comme Racine, passionné comme Michelet, orgueilleux comme Antoine Arnault, et ce jeune homme avait vingt ans. Antoine le fit revenir ; il le regarda.

« C'est bon, pensa-t-il avec une affreuse douleur, quand je serai vieux on me remplacera, je ne manquerai pas au monde. Voici des garçons de vingt ans qui ont autant d'ardeur que moi... »

Il eut envie de mourir.

Encore une année passa.

Antoine songea aux voyages. Il partit. Il cherchait de beaux silences, de graves enseignements. Il vit l'Espagne, dont la terre brûlante et jaune s'ajustait si bien à lui, qu'il en faisait son manteau, sa pâture, son amour et son cimetière.

Il revit Venise, royale et triste ainsi qu'une âme dans les nobles langueurs du jour, mais, la nuit, jardin violent, guitare rouge, casino de délire et de rêve ; hôtesse rémunérée qui attire sur ses liquides places les jeunes hommes, les petites filles. Il détesta cette libre chambre de volupté : Venise. Il haït le métier qu'elle fait. Il méprisa cette chanteuse, cette excitatrice avisée, qui dit : « Tordez vos mains pour mes trop doux parfums, levez vers moi vos visages où luit la plus basse anxiété ; traînez-vous ; dites ce que vous voulez de moi ; ah! oserez-vous dire ce que vous voulez de moi?... »

Antoine vit que les fenêtres étaient fermées au palais de la comtesse Albi ; ce fut un vide plus profond dans son cœur.

Il parcourut les sèches rues, glissa sur les rubans d'eau, s'assit aux restaurants de la place Saint-Marc ; du Capelle Nero ; de la Cita di Firenze. Son passé marchait auprès de lui, s'asseyait à côté de lui.

Il pensait : « Je suis venu ici autrefois, quand j'étais comme un enfant, les yeux de l'homme dépoétisent ». Il savait bien que Venise ment, que tout ment, qu'il n'est pas de bonheur, seulement une fuite rapide du temps, et des souvenirs qui s'usent. Il cherchait à s'oublier. Il poursuivit l'ombre de Musset, de George Sand, goûtant un petit recueil de leurs lettres, et le léger dessin, la tendre caricature que Musset fit de sa maîtresse : profil rond et doux comme une laque, semblable à un délicat poisson d'or du Japon.

Honorant la retraite de Byron, il s'attarda au couvent des Arméniens, où ces jeunes hommes polyglottes, typographes obstinés, courbent sur de pacifiques presses des colères d'enfants et de prêtres, se taisent, cependant que grondent en eux l'ardeur des catholiques romains, et les soupirs de la lointaine Etchmiadzin, la résidence odorante, où dans les jours de juillet, sous un immobile soleil, les roses comme de l'eau bouillent...

Ainsi les journées passaient, mais la langueur des soirs, les nuits, les chants sur l'eau (toujours ce chant de Sainte-Lucie!) et la solitude, brisaient les nerfs d'Antoine Arnault.

Langueur de Venise qui êtes là, et là, et là-bas encore! — On ne peut la fuir ni l'atteindre. — En quel point de l'espace cachez-vous vos racines, votre tendre noyau?

— Ah beauté perfide et mortelle, s'écriait Antoine, soyez un jardin pour que je le pille, un trésor pour que je le disperse, une nymphe rebelle pour que je t'enchaîne et te morde!...

Il pensa aux jeunes femmes, qu'il voyait passer dans les barques. Il s'émut que, plus fragiles, elles eussent aussi à supporter cette inépuisable langueur. Avec pitié il se souvint d'une délicate et pâle meurtrière au XVIIIe siècle, qui, voyant se préparer le supplice de la question demandait faiblement : « Comment ferez-vous entrer tant d'eau dans un si petit corps? »

Oui, comment tant de mélancolie, le soir, à Venise, peut-elle entrer dans de si petits corps!

Antoine se lassa. Il quitta Venise en se souvenant qu'autrefois il l'avait aimée comme une femme qu'on aime, comme une chère insensée qui dénoue ses cheveux pour tous les autres hommes, comme une poulpe divine dont les bras liquides lui couvraient le cœur...

Il n'eut pas envie de continuer sa route. Il se retira près de Grasse, dans un secret village, au pli d'une colline, où, sous le soleil, les herbes sèches, fortes et mêlées donnaient l'odeur de la chartreuse.

Il travaillait. Il lut. Il demeura six mois caché. Il ramenait quelquefois, pour quelques heures, dans son logis, de jeunes femmes champêtres, rieuses, bienveillantes, dévêtues. Et Antoine ne prenait point d'intérêt à ces plaisirs d'où toute torture était absente. Il relisait Stendhal, ses larmes coulaient.

« Ah! pensait-il, Julien Sorel, la suprême jouissance c'est vous qui l'avez goûtée, dans le mortel cachot, lorsque vos caresses froissèrent jusqu'à réveiller une plainte, la douce épaule que votre balle avait brisée. Tendre madame de Rênal! douleur dans la volupté! »

Martin Lenôtre un soir vint jusque sur cette colline chercher son ami. Il avait fait ce voyage. Antoine le reçut avec surprise et mécontentement. Mais Martin, tout de suite, gravement parla :

— Je t'assure, disait-il, que cette fille aînée du peintre Gérard d'Ancre, l'aimable Madeleine, serait dans ta vie une compagne délicieuse, patiente, inlassable.

Antoine demanda quelques jours pour réfléchir. Puis il revint à Paris, céda au désir que Martin témoignait de lui faire connaître la jeune fille ; mais dès qu'il la vit, et quoiqu'elle lui parût charmante, il lui fut hostile ; il la regardait avec défiance et dédain, avec impertinence, comme si elle se fût arrogé le droit d'entrer dans sa vie, de la partager.

Quand même il accepterait cette jeune fille blonde et polie, sa destinée brillante ne serait jamais entre de si fragiles mains ! Lorsqu'il l'eut vue plusieurs fois, et qu'il se fut assuré de la parfaite soumission de son caractère, il avertit Martin que sa résolution était prise, qu'il épouserait Madeleine. Il s'y décidait sans bonheur, mais sagement. La vie nomade déséquilibrait son travail, il avait besoin d'une enfant simple auprès de lui. « C'est elle, pensait-il, en regardant Madeleine qui, déjà, tendrement l'aimait. »

N'étant point épris de sa fiancée, Antoine, n'interrompait pas Martin Lenôtre lorsque celui-ci l'intéressait aux agréments que ce mariage lui donnerait.

— Oui, lui expliqua un jour Martin, non seulement Madeleine est riche, mais son père ne cessera de l'avantager, car des deux filles de Gérard d'Ancre celle-ci est la seule qu'il aime. La seconde, Élisabeth, fut toujours loin de son cœur.

Et Martin avoua avec embarras :

— Il n'est point sûr qu'Élisabeth soit sa fille.

Quoique Antoine ignorât la jeune fille dont il savait seulement que, âgée de quinze ans, souffrante ou capricieuse elle voyageait ou se reposait dans une solitude complète, invisible pour sa sœur même, il obligea, par son insistance, Martin Lenôtre à découvrir tout le secret qu'il eût voulu garder. Ainsi Antoine apprit que Gérard d'Ancre ayant été, quelques années après son mariage, appelé à la cour d'Espagne pour faire le portrait des petites infantes, et ayant emmené avec lui sa femme qui était belle, celle-ci inspira une vive passion à un prince espagnol ; Gérard s'étant aperçu de cette intrigue royale ramena sa femme en France, ne sachant point si elle était coupable, mais quelques mois après, la naissance de la petite Élisabeth envenima ses soupçons. Il ne put chérir cette enfant. La jeune femme ne vécut pas longtemps ; elle laissait à son mari un doute brûlant et vivant…

Attristé de ce que l'innocente Madeleine eût pour sœur une petite fille étrangère, Antoine s'attendrissait de la voir, le soir, écrire sagement, la tête penchée sur le papier, à cette sœur énigmatique dont on ne pouvait penser beaucoup de bien, car, Madeleine ayant témoigné l'ardent désir de la voir revenir auprès d'elle, elle reçut de la vieille gouvernante voyageant avec Élisabeth un mot qui disait : « Nous ne saurions nous décider à venir assister à votre mariage ; votre bonheur, ma chère Madeleine, ferait du mal à votre sœur. »

« Petite sœur égoïste », pensa Antoine, qui s'affligeait du chagrin qu'éprouvait sa fiancée.

Le mariage eut lieu en janvier, et les mois passèrent, calmes et mornes, à peine colorés par les tendres pudeurs de Madeleine amoureuse, ou enrichis par ses larmes, car timide et déférente, elle souhaitait tristement, sans oser l'essayer, captiver davantage le cœur d'Antoine Arnault. Et puis une sagesse douce et voilée succéda, chez la jeune femme, à ses premiers emportements.

Son caractère la destinait aux soins silencieux, à la musique, à la rêverie. Elle eut une petite fille, et puis un an après une autre petite fille. Elle les aima comme elle aimait leur père, et sa vie lui fut une douce histoire poétique et familière, dont les images quotidiennes distrayaient son cœur.

Antoine Arnault travaillait ; sa grande réputation embarrassait sa vie. En quelques années il connut toutes les agitations de la politique et du succès. Il témoignait à sa femme de la tendresse, sans qu'elle sût qu'il pouvait donner davantage. Lui-même oubliait qu'il avait été un jeune héros passionné, et, après de lourdes et laborieuses journées, le cœur las mais non point soucieux, il goûtait sa paisible demeure et regardait jouer ses petites filles : « Ce sont, pensait-il, les petites filles d'Antoine Arnault ; deux garçons auraient mieux continué le sang du père, mais telles que les voilà elles sont parfaites : deux roses issues de mon cœur. »

« Croissez, songeait-il, mes enfants charmantes. Un jour, dans votre sein, la vie encore s'incarnera : un petit être nouveau, élémentaire, rude comme un dieu. Ainsi par vous éternellement enfanté, moi-même fils de mes filles, j'irai, vivant et glorieux, au bout de l'humaine postérité ! »

Souvent, dans la fraîcheur du matin, quittant sa table de travail, s'appuyant à la fenêtre et goûtant le vent délié, Antoine pensait : « Je suis content. » Mais le contentement serre le cœur de ceux qui ont connu le plaisir...

Au cours de ces trois années, Antoine avait vu passer chez lui beaucoup de visages nouveaux, qui tous l'avaient laissé indifférent ; des hommes, des femmes, et aussi, plusieurs fois, sa belle-sœur Élisabeth, dont il n'eût pu dire comment elle était, tant il n'avait de vision qu'intérieure et sur soi-même ; et elle, furtive, farouche, se réfugiait chez sa sœur, causait longuement et repartait en voyage.

Gérard d'Ancre mourut, Madeleine le pleura. Antoine, que le mystère de la mort emplissait de ténèbres et de pitié, s'inclinait doucement vers sa femme. On vit venir aux funérailles Élisabeth ; elle sanglota passionnément sur ce père qu'elle respectait et qui ne l'avait point aimée.

Le visage de la jeune fille était si arrêté, si contracté de douleur, qu'il frappa, émut Antoine. Mais ce fut elle qui le soir, au repas, comme plusieurs membres de la famille causaient à voix basse autour de la table, regarda en face Antoine Arnault ; et voici que, au lieu de voir seulement les yeux de son beau-frère, elle vit son âme et tous les pays de son âme, et, soudain, éblouie, ardente et audacieuse, elle regarda jusqu'au fond de l'être Antoine, avec cette allégresse, cette volonté d'une vie qui dit à une autre vie : « Vous êtes mon plaisir! »

Plaisir! doux et triste nom du bonheur.

Et comme Antoine aussi la regardait, brusquement blessée elle baissa les yeux, vierge en qui le regard, comme un trop coupable délice, entrait!

... Quelle lumière, quel vertige chantent dans la tête d'Élisabeth, accordent harmonieusement tous ses gestes, cependant qu'enivrée de douleur encore, elle ne sait si elle goûte sur l'âme d'Antoine Arnault la mort ou la vie...

C'est la vie! la vie chantante et montante, telle que l'annonce sur la terre, ce soir, le nouveau printemps.

O printemps, force du monde! qui ne voudrait louer Vénus, naissant sur les eaux attiédies!

Élisabeth le lendemain s'enfuit ; comment resterait-elle dans la maison de sa sœur, quand elle a ainsi reconnu son ami? Ils se sont parlé à peine, mais à leurs frissons, à leur silence, à leurs clairs regards voilés, ils savent que les voici pareils, identiques, mêlés. Que leur importe la séparation! Des deux bords de leur destin ils sont venus l'un vers l'autre ; la surprise et la force de leur rencontre ont fait se pénétrer à jamais le chaste amant et la chaste amante. Elle sait qu'il est Lui, lui sait qu'elle est Elle. Un seul sang baigne ces deux vies...

XIV

En s'enfuyant, Élisabeth a laissé à son ami les cahiers où depuis sa quinzième année elle écrit ; et le soir, à sa table de travail, dans la pièce transfigurée où tout tremble et devient d'or, Antoine lit ces chants désolés : violentes plaintes vers le bonheur, torture où se roule et se blesse une âme enveloppée d'un azur qu'elle déchire. Une fièvre orientale, la chaleur des pays de rocs et de myrrhe, l'andalouse Arabie ont allumé et consument ces pages.

« Ma jeunesse, mon désir et ma vie n'ont point eu cet éclat! pense Antoine. Élisabeth, songe-t-il, rose royale, fille de don Luis de Bourbon, petite-fille de don Sanche, d'Alphonse le Magnanime, des Romanceros et de Cervantès! princesse de Tolède et de Cordoue, reine des Maures, j'ai parcouru pour vous trouver l'univers et les beaux poèmes des hommes. J'ai partout cherché une voix qui répondît à ma voix. Pendant plus de trente années, — car mon deuil date du jour où je suis venu dans le monde, — votre absence me fut aussi sensible que l'est aujourd'hui votre présence. Vous vivez, je ne veux plus rien : que m'importent à présent les jardins de Cachemire que je rêvais de voir, à l'heure où les engourdit le parfum trop fort des épineux ananas. Que me font les barques de Venise dont les couteaux d'argent me fendaient le cœur? Que me fait Lara ou le Corsaire ou cette belle sultane Missouff qui, dans un conte de Voltaire, quelque soir, me parut si voluptueuse? Mon amie, que le Rhin coule en noyant l'anneau de Wagner, que sur le tombeau de René la tempête recouvre à jamais les gémissements d'Atala, que le balcon de Vérone s'abîme et disparaisse avec l'alouette et l'échelle de soie, que de mes deux mains j'étouffe le cou de colombe d'Antigone, que m'importe, si je puis avec vous, dans un caveau secret, vivre ou mourir?... »

Et du fond de son âme, de loin, dans le silence, Élisabeth répond à cette voix :

« Je chancelais, songe-t-elle, et depuis ma naissance ne savais où poser mes pieds incertains. Aujourd'hui encore je vais en tremblant vers le bonheur ; si souvent il m'a déçue. Ah! Antoine, dites-le-moi, êtes-vous mon ami véritable ; mon rêve n'emprunte-t-il point votre visage? j'ai si peur! S'il faut recommencer d'espérer en vain, je ne puis. Voici le printemps, ma joie fait dans l'azur des guirlandes de roses. Je lève les yeux vers un ciel infini, étourdi, et doux, comme l'enfance, quand on avait sept ans, si vous vous rappelez... Mon cœur n'est point tout à fait innocent, Antoine ; j'ai goûté à beaucoup de choses. Ayant toujours été triste et songeuse j'ai abandonné mes mains dans des mains qui tremblaient, j'ai connu près de mes lèvres des soupirs, j'ai recherché la vie et l'évanouissement ; mais à peine touchée par leur rêve, je m'éloignais de ces hommes. Échappée à ce factice amour je redevenais candide… Le matin, dans les clairs ouragans de septembre, chastement enivrée des voix de la nature, je fus la sœur errante du naïf univers.

» Heure matinale, vous me rendîtes humble et fraternelle, quand le lièvre qui passe sur la plaine, comme une lyre est empli de poésie, car son tendre museau froid, ses yeux bombés, sa terne douce fourrure, ses hautes oreilles, autant que mon cœur goûtent et retiennent le vent délicieux, le buisson vert et mouvant, la lointaine ligne des collines, la mouche désorientée, qui roule sur un rayon d'air…

» J'aime la vie, Antoine, je l'aime tristement, comme une sœur penchée sur son frère mort. Et en effet, Antoine, mes dieux sont morts. En vain au travers du feuillage je les cherche et les voudrais ranimer! O mes dieux bleus et forts, qui faisiez vivant le tronc du bouleau, qui couliez dans la source claire, qui fûtes vous-mêmes la forêt, si bien que la jeune fille, écartant les branches du saule, entrait dans vos bras passionnés! Quel écho d'amour demeure dans ces espaces où vos voix se sont tues! Amoureuse des ombres, dois-je lever les mains vers un azur désert?

» O Pan, reviens dans le bois parfumé. Que mon âme qui depuis trois mille ans garde ton culte champêtre voie luire cette nativité! Tous les poètes, et, mon cher Pan, il est beaucoup de poètes, t'attendent dans les jardins ; ne les crois pas lorsqu'ils se pensent mystiques et convertis aux religions de Judée. S'ils disent que leur âme est altérée de mystère, c'est parce qu'ils te cherchent et qu'ils ne t'ont point trouvé. Ah! qu'un matin de Pâques, quand sur les villes chrétiennes les cloches danseront, vaines poupées de métal, la forêt enfin se ranime! que l'aulne entende revenir sa nymphe aux jambes mouillées, que les bergers s'élancent, que le bouc et la biche resplendissent au soleil, et que, plus haut que les cloches d'argent sur les villes, tout le feuillage chante : Pan est ressuscité!… »

Mais Élisabeth savait bien que cette exaltation n'habitait qu'une partie de son cœur. La lune romantique éclairait l'autre moitié.

Lunes et mélancoliques soupirs, fluides appels des âmes, larmes, goût de l'éternité, cette sombre fête des nuits à chaque moment l'étreignait…

Voici quelle ardeur la jeune fille apportait à son ami. Elle ne lui écrivait point et lui n'écrivait pas, tous deux tremblaient de se comprendre, de se rapprocher.

« S'il se peut, pensait Antoine, que ce bonheur passe loin de moi. »

Mais elle pensait « Venez, venez. »

Sa tendresse pour sa sœur, qui d'abord l'avait oppressée, chaque jour se glissait à côté de son nouvel et innocent amour, ne le gênait plus et ne lui faisait plus obstacle.

« Vivre, pensait-elle, vivre, ne rien renoncer, ne rien refuser! »

Aussi lorsque Antoine, mourant sans elle, abandonné de son âme et hanté de poésie lui écrivit douloureusement : « Revenez », elle quitta le secret jardin où depuis un mois elle rêvait, et, par un matin de mai, avec une douce aisance, une allégresse victorieuse, elle rentra dans la maison de son ami...

Ces deux cœurs se réunissaient comme se rejoint l'eau libre enfin, qu'un obstacle divisait. Nulle différence ne leur enseignait l'éternel isolement ; plus ils avançaient dans le cœur l'un de l'autre par les douces conversations, plus l'écho de cristal des deux côtés résonnait. Ils habitèrent ensemble, dès qu'ils en causaient, les palais de l'Orient, les oasis d'un désert d'or, un temple de la Sicile : leurs souhaits se confondaient ; chacun avec l'autre échangea sa fleur préférée, Élisabeth enseignait à Antoine la centaurée rose des champs, tandis qu'elle recevait de lui la tubéreuse au parfum de musc.

Naissant amour! joyeux comme le départ, comme le cœur des oiseaux qui vont s'envoler vers l'Égypte! Leurs jours étincelaient, dorés pour Élisabeth, et pour Antoine vêtus d'une sombre lumière.

— Mourir, disait-il, la vie est finie, et j'entre dans votre éternité.

Et elle disait : « Vivre » et son fleurissant regard s'étendait mystérieusement sur ce qu'elle appelait la vie, et qui pour elle était aussi distinct, aussi proche que si elle avait dit « la rose ». Le grave amour de son ami s'épanchait en douce tristesse.

— Élisabeth, disait-il, après que j'ai désiré le monde, la puissance, les plaisirs, et finalement le néant, c'est vous qui m'êtes donnée, chétive et périssable ; mais telle que vous êtes, vous dépassez tant mon désir et mon rêve, qu'il me faudrait, pour vous avoir, être mort près de vous morte...

Mais Élisabeth riait parce que c'était ainsi qu'elle exprimait le bonheur.

Il l'aimait, il était près d'elle, il ne savait plus qu'il vivait. Son silence s'étendait comme un chemin d'argent, où les pas de la jeune fille, à chaque minute, s'assuraient. Jamais une vie avec tant d'obligeance et d'amour ne porta une autre vie. Il ne lui demandait rien. Il n'avait plus ni faim ni soif. Il lui donnait tous les noms des héroïnes qu'il avait le plus aimées. Dans son âme il l'appelait tantôt Chimène et tantôt Zuleika.

Ils s'aimaient.

Ce qu'ils voulaient arrivait. Le destin se pliait sous leurs pas et les faisait passer.

Dans la torture, dans la mort, ils n'eussent connu que la joie. Telle est la force de l'amour. Toute intelligence et toute science se posait sur leur cœur. Ils savaient et n'oubliaient plus.

Ils s'avançaient sur le beau tapis des jours comme celui que la prophétie appelle « Le Désiré des nations ».

Il ne lui disait pas : « Je vous aime » car ce qu'il sentait pour elle était au delà des mots et de la forme des pensées ; mais elle lui disait souvent qu'elle l'aimait, parce qu'elle était très jeune, pas assez pleine encore pour le silence.

Il ne savait pas si elle était jolie, de taille moyenne ou grande, si les doux cheveux, les yeux courbés, la pâleur faisaient l'enchantement du visage ; il ne savait rien, seulement que c'était une âme au centre de l'univers.

Ils possédaient plus qu'on n'attend. Lui pensait : « J'ai un empire ». Elle pensait : « J'ai un empire ». Quand ils disaient : « Voici le soir », c'était comme s'ils avaient, de leur propre volonté, amené le soir sur la terre.

Comme il ne souhaitait rien, il eût voulu qu'elle aussi fût une morte d'amour.

Elle vivait. Ève qui veut connaître son domaine, elle désira visiter le monde. Alors Antoine Arnault, Madeleine, Élisabeth et les deux petites filles, doucement unis, voyagèrent.

Antoine n'abandonnait point son funèbre projet.

— Que voulez-vous? demandait-il, — un matin clair dans Florence et le parfum des roses sur le chemin des collines? Que c'est peu de chose cela auprès d'une tombe ardente! le plus de vie possible, mais pour mourir…

Ils ne goûtèrent les paysages, les aromes et la musique qu'en les recevant l'un de l'autre.

— Prenez ce que mes yeux ont vu, lui disait Élisabeth.

Quelle douce et forte vie ce fut, quelle sécurité, que de sereines aurores!

Aux beaux spectacles du monde, Élisabeth disait : « Je suis venue ».

Avec une ingénue hauteur, elle offrait sa présence, l'ardeur infinie de son rêve aux lieux qui ont vu le Dante, qui ont vu Gœthe et Michel-Ange. Et Madeleine s'émerveillait d'une sœur auguste et pensive.

… Un soir, s'arrachant aux mollesses des lacs, si voluptueux que Madeleine pressait son cœur, qu'Élisabeth, pensant sourire, pleurait, ils coururent vers la Toscane…

XV

Ils arrivèrent à Florence un jour où le jour est plus tendre qu'un clair visage oriental tatoué de beaux soleils bleus ; un de ces jours où la terre est comme un navire, avec des matelots qui chantent et de l'espoir tout autour d'eux ; où le ciel glisse et se dissout, et, puisant dans son bonheur, détache des portions d'azur et les fait flotter vers les hommes.

Un jour de roses écloses! les parfums jouaient sur l'air comme des âmes réelles, comme des enfants divins. Élisabeth goûtait, mêlés, ce plaisir et cette déception que causent les choses nouvelles. Elle n'imaginait point ainsi la ronde perle toscane. Trop de perfection arrêtait l'élan de son âme. Ville parfaite, un peu sèche, qui respire, repliée sur elle-même, le fort opium de sa grandeur monastique. Peu à peu, seulement, l'Arno, le Ponte Vecchio, l'air florentin, Or San Michele, Santa Maria dei Fiori, les nuits parfumées par les iris des jardins, enchantèrent Élisabeth.

Elle parcourut les musées, les plus glorieux, le plus caché ; Palais Pitti où repose le juvénile Hermaphrodite, si visiblement asservi, qui ne peut éviter les dieux et n'a de pudeur que son visage endormi ; — petit musée égyptien, où les divins scarabées sont des gouttes de siècle bleues, de tièdes turquoises taillées.

Les journées passaient, claires, ailées, pour ces flâneurs, pour ces rêveurs. Un matin Antoine reçut une lettre timbrée de Florence même. Elle était de la comtesse Albi. Après huit ans! La comtesse demandait à voir Antoine, indiquait un rendez-vous chez elle. Le souvenir après l'oubli : « Je n'irai pas », pensa Antoine ; et il répondit qu'il quittait Florence.

Mais un second mot de Donna Marie, timide et pressant, affaiblit sa volonté, et, irrité, il écrivit qu'il viendrait. Il ne pensait pas à elle. Il était malheureux. Son amour pour Élisabeth, dans cette ville, s'envenimait. L'étrange ardeur de cette passion meurtrissait Antoine Arnault.

Certes, il ne pensait pas à avoir la jeune fille. Jamais il n'avait souhaité la blesser contre son cœur, ni quand, dans le parc d'un petit hôtel de Provence, aux bruissements des platanes et d'un jet d'eau, leur apparut le sentiment du précaire et de la mort, ni ce soir trop pâle sur le lac de Bellagio, lorsque leurs larmes coulaient de l'un sur l'autre, et les reliaient comme un long fleuve relie deux villes mystérieuses ; mais ici la haute beauté, la douceur, les souvenirs qu'évoquait Donna Marie l'enfiévraient sensuellement.

Ainsi qu'il l'avait promis, Antoine Arnault, vers six heures du soir, arriva chez la comtesse Albi.

Elle n'était pas encore dans l'obscur salon. Il attendit, tout enveloppé d'Élisabeth. Et puis la comtesse ouvrit une porte, écarta un rideau, entra.

Elle n'avait pas changé. A trente-sept ans, elle était comme autrefois. Son délicat orgueil ne se transformait point ; sa fierté et ses gestes retenaient sur elle sa jeunesse.

Elle semble riante, indifférente, mais Antoine voit le trouble de son visage ; elle lui tend sa main, petite, et qu'il sent froide. Elle le reçoit avec une vivacité brusque, avec étourderie. Elle dit :

— Il fait sombre ici ; peut-être aurez-vous un peu froid ; comme ces jacinthes sentent fort! il y a des gens à qui les jacinthes donnent mal à la tête, mais, je crois, surtout les jacinthes bleues...

Et puis, elle s'assoit, se tait, regarde Antoine lentement, croise ses deux mains sur ses genoux ; et, comme une âme qui sent que le destin s'est accompli, elle dit lourdement, la tête penchée, le corps plié, se reposant :

— Voilà...

— Vous allez bien, vous semblez bien, essaye Antoine à voix basse.

— Oh! je vais bien, dit-elle. Non!

Elle a senti l'indifférence, elle s'irrite et voudrait déjà se plaindre.

— Que de choses, soupire Antoine, que de choses depuis huit années!...

— Oui, dit-elle.

— Vous avez été heureuse? demande-t-il.

Il voudrait qu'elle dise « Oui ». Alors il se lèverait, il s'en irait, il reverrait Élisabeth.

— Oh! dit-elle, on est toujours très malheureux...

Et puis elle se tut de nouveau, et dans l'ombre elle réfléchissait, écartait des pensées, se levait, préparait un peu de thé.

Alors Antoine l'observa.

Mince, pâle, les traits menus, douce dans sa robe noire ; fragile et nonchalante, toujours mademoiselle Aïssé! Son beau regard un peu myope s'approchait des objets avec la précision délicate et pesante de ces papillons qui, semble-t-il, ne reconnaissent leur fleur qu'en s'y posant. Elle avait changé pourtant. A tout son air, on voyait que maintenant elle savait beaucoup de choses. Antoine la regardait. Dans ce salon, déjà les voiles du crépuscule lui dissimulaient ce visage. Elle bougeait avec ses gestes d'autrefois. Quand l'alcool de la bouilloire lança une flamme trop haute, elle eut peur et pressa ses mains contre ses tempes, jeta un cri léger. Antoine songeait :

« Huit années! Combien de fois, errant au milieu des jeunes hommes, pendant les nuits de Venise, n'avait-elle pas appelé l'amour? Combien de fois, couchée dans les barques noires, pendant ces voluptueuses nuits, avait-elle pleuré tendrement, les deux mains entassées sur son cœur, douce Vénus qui signale le lieu de son soupir!

Combien avait-elle eu d'amis?...

Alors il se souvint.

Il se souvint qu'elle avait à son bonheur, à son plaisir servi ; que sous sa robe gonflée, soyeuse, lâche et serrée elle était un corps où il avait marqué sa joie. Il se souvint du temps où ils étaient courbés l'un sur l'autre, l'esprit collé contre l'esprit, assoupis de volupté, unis par cette molle force lasse qui de deux vies fait une seule langueur, nombreuse, jointe, parfumée comme les molécules de la rose.

Il se souvint qu'elle, avait été lui-même, comme nos yeux sont dans nos visages ; qu'il avait dévêtu cette reine sans qu'il y eût d'indélicatesse, qu'il l'avait tutoyée sans qu'il y eût d'offense, qu'il eût pu la frapper sans qu'il y eût de honte ; suprême impunité de l'amour!

La comtesse Albi se retourna dans l'ombre, elle était en face d'Antoine.

— Je voudrais mourir, dit-elle.

Cet accent émut Antoine.

Il se rapprocha ; et comme il se taisait, confiante, doucement, peu à peu, assise près de lui, elle raconta ce qu'avait été sa vie. Elle racontait scrupuleusement, enchaînant les événements, cherchant à ne point placer un fait avant un autre fait.

Elle donnait là toute sa conscience, sa soumission retrouvée. Et puis, levant les yeux sur lui, tandis qu'une lampe allumée, voilée de rouge, les éclairait bizarrement :

— Je ne vous ai jamais oublié, dit-elle.

Ils furent gênés.

Elle poursuivit :

— On vit, les jours passent, on accepte ce qui est, c'est difficile la révolte, mais je ne vous oubliais pas...

Après des silences où chaque fois son courage se fortifiait :

— Oui, dit-elle, je ne vous oubliais pas ; il n'y a qu'un jour, un péché, ce fut vous. Toutes les résistances, toute la peur et la surprise elles sont brisées la première fois ; c'était vous. On n'a pas d'autres amants. Les autres, c'est parce que vous nous avez quittées ; parce qu'on ne peut plus vivre seules, ni marcher ni rêver seules. Et chaque fois on espère un peu de bonheur, on recommence, on est content... Le dernier ami que j'avais était jaloux et violent, mais quelquefois il me disait « Je vous aime de tout mon cœur... » Cela dure un an, dix-huit mois, et puis un jour, on ne sait pas pourquoi, quelque chose survient qu'on ne peut pas expliquer, et ils s'en vont fâchés. Tout ce que l'on fait alors, ah! tout ce que l'on fait pour les retenir...

— Vraiment? murmura Antoine enjoué, pourtant oppressé, non qu'il fût jaloux maintenant, mais il se souvenait qu'elle lui avait appartenu.

Donna Marie ne répondit point à cette offense. Elle songeait, accablée de souvenirs ; et Antoine plus doucement regardait ce visage qui semblait avoir absorbé le malheur comme une leçon qu'on a bien entendue.

— Oui, soupira-t-elle, je ne vous oubliais pas, on n'oublie pas. Vous étiez ma jeunesse ; le commencement...

Elle avançait ses mains vers lui comme on tend son cœur, comme on donne son amitié. L'ombre et la lampe rouge se partageaient la pièce.

— C'est vous, disait-elle à voix basse, c'est vous qui m'avez fait connaître la douleur, le bonheur, le plaisir...

Sa voix n'avait pas de gêne, coulait simple, chaude et brisée.

— Oui, disait-elle, les autres je leur apprenais à vous ressembler. En riant, en jouant, en prenant leurs mains, en les courbant sur mon visage, lentement, de jour en jour, peu à peu, je leur apprenais à vous ressembler ; ils me rendaient nos voluptés... Ah! comme j'ai cherché cela ; ils n'ont pas su comme j'ai cherché cela...

Antoine se taisait, et il évitait de rencontrer les mains que Donna Marie lui tendait ; mais elle laissait, sans colère, glisser ses mains et poursuivait :

— Avant vous, vous le savez, j'étais timide, innocente, mais tu m'as pris tout cela. Après toi mes gestes n'ont plus eu peur. Les nuits d'Italie sont terribles, mon chéri, elles viennent sur nous et nous étouffent, et tout le cœur est comme un jardin de jasmins ; alors la volupté, les caresses ne semblent pas un péché, elles semblent de beaux anges du soir qui passent sur le ciel de Florence ; de beaux anges, l'ange du bienheureux Angelico, qui court si vite, tu le sais, dans la fresque de Saint-Marc, qui vient comme un jeune homme si pressé, si ardent, et qui dit « Je vous salue, Marie... »

Antoine se taisait encore ; Donna Marie s'arrêta, puis d'une voix plus sèche, d'une voix plus nette :

— Et vous? demanda-t-elle.

Les premières paroles qu'il voulut prononcer demeuraient incertaines dans la gorge d'Antoine ; ensuite il dit :

— Moi, je suis marié maintenant, depuis quatre ans déjà...

— Oui, fit-elle résignée, sans trop souffrir.

Ce mariage, c'était la sagesse, la fin dans la vie d'Antoine elle acceptait cela.

Elle sentait qu'elle ne le reverrait plus.

Alors elle reprit encore, comme une enfant chantonne, parle sans penser, se berce et s'endort :

— Mourir, je voudrais mourir, le temps est passé pour moi, le temps est passé...

Dans sa robe noire elle semblait une veuve, qui ne peut jamais être tout à fait une veuve, à cause des cheveux blonds, du plaisir des cheveux blonds. Et elle était si faible et si douce, si tendre, éclairée par l'ardente lumière rouge, si désarmée, qu'Antoine se rapprochait d'elle, l'écoutait, la plaignait, la touchait.

— Mourir, suppliait-elle encore, mourir, mourir...

Et voici qu'elle s'allonge, qu'elle se glisse sur Antoine, que son regard est sournois, est comme une âme qui rampe vers sa proie, qu'elle-même est tout entière une chaude panthère couchée, soulevée, et d'une voix que la hardiesse et la défaillance entrecoupent :

— Le plaisir, dit-elle, le plaisir, mon chéri, donne beaucoup de courage pour mourir...

... Antoine veut s'éloigner, la repousser, partir, mais elle le garde, elle s'attache a lui avec les grands mouvements de l'être, comme on se bat, comme on se chauffe, comme on mange.

Violente et dressée, d'une voix désordonnée, ainsi qu'on éparpille des mots et son sang, elle lui dit :

— Vous êtes mon jardin refleuri, ma maison retrouvée, ma volupté vivante, vous êtes ma tristesse et ma bouche, je vous ai, ah! je vous ai! Non pour ma vie, non pour toujours, mais pour une heure, mais pour une nuit. Cela suffit. Une nuit pour que je saccage mon rêve! Une nuit pour me gorger, pour me lasser de vous ; pour que meure en moi jusqu'à la racine de ce désir ;

une nuit pour te voir comme tu es, faible, pâli, vieilli, ô mon amour, ô dieu terrible de mon souvenir!... Ah! une nuit pour que je te goûte encore, et que délivrée, que délivrée enfin, je puisse dire : « J'ai revu Antoine Arnault, il n'est plus comme autrefois. Sainte Marie, je vous adore et je vous loue, il n'est plus comme autrefois... »

Elle le frappait et elle se frappait elle-même, exténuée, et Antoine ne savait pas s'il voulait dédaigner ou écraser ce délire...

Mais comme une âme s'élance et expire sur une autre âme, elle reprenait, vindicative :

— Huit années, j'ai gardé le souvenir de ta jeunesse! ta jeunesse nonchalante et forte, lassée, cruelle, délicieuse, comme sont dans les histoires anciennes les empereurs. Huit années, je me suis souvenue! Que faisais-tu? et j'étais là! Nul ne pouvait me rendre les tortures de ton étrange amour. Je les voulais cependant. J'étais des nerfs qui, dénoués de toi, mouraient. Quels jeux pouvaient distraire ta malade passionnée? Que n'as-tu perverti en moi? Plus rien de pur dans l'univers...

Les yeux éclatants et sourds comme deux flammes que voilent la main, et tout l'être pareil à un feu subtil qui pénètre, elle reprenait, pliant et chauffant sa voix :

— Tu te rappelles, les nuits sur la place Saint-Marc, les nuits de juillet et d'août, de telles chaudes nuits quand nous étions tous ensemble, auprès de la musique, que l'on servait des granitti, et que tu pâlissais de volupté, parce que ma soif et ma faim, le sorbet rouge, le biscuit, le fruit que je portais à mes lèvres, tu les eusses voulu jusque dans mon cœur manger... Tu te rappelles, ah! n'est-ce pas? ce bal au palais Contarini, lorsque, comme le roi passait et que je souriais, tu me froissas le poignet, pour que je me souvinsse de toi. Tu aimais, mon chéri, que je fusse un objet de douleurs, et tu aimais aussi tes propres larmes. Ah! que de douleurs sur moi ; maintenant que de douleurs, que de meurtrissures, que d'injures! Tant de mensonges, tant de perfidies, tant de lâchetés, tant de choses portées, tant de choses supportées!... Tout cela sur moi, qui fus ta reine craintive, la perle et la colombe dont tu étais jaloux...

Et renversée par un trop fort sanglot :

— O mon amour, s'écria-t-elle, bois cette offense...

XVI

Quelle force eut Antoine de fuir, d'écarter ce tragique fantôme, d'abandonner ce râle, qui, sans doute, lui parti, s'achevait humblement comme s'achève la douleur des femmes, — douleur d'amour et d'orgueil, toute leur douleur humaine, — sur des coussins bouleversés, entre les bras des suivantes, dans l'odeur des sels, de l'éther, dans la stupeur et la sueur, dans la pauvre maladie!

Lui était dehors, il s'éloignait, il s'en allait ; il courait vers Élisabeth. Celle-là! qu'elle restât pure, innocente, jusqu'au moment de sa mort, de sa bienheureuse mort...

Il trouva Élisabeth qui lisait, seule dans le petit salon, Madeleine s'étant, après le dîner, retirée chez elle, endormie.

Dans l'obscurité du soir, au travers des fenêtres, on entendait les roulements, le tintement de Florence, sonore la nuit comme un cristal toujours frappé.

— Que lisez-vous, Élisabeth! s'exclama Antoine Arnault, car aucune de ses paroles, aucun de ses sentiments, ce soir, ne pouvait avoir de paix.

Et la jeune fille se troublait, car, ô surprise, elle lisait, en effet, une page de volupté qui venait de briser son corps dans un brûlant roman italien, une page de volupté où triomphe la mort, la mort par l'inextinguible désir!

Et comme tous les deux, sans qu'ils l'eussent su, séparément, étaient prêts au même délire, au même terrible vouloir, épouvantés, ils furent debout l'un près de l'autre, se fuyant, s'évitant, pourtant immobiles, mêlés comme les mots dans l'Ode, comme le son dans l'accord.

— Allez-vous-en, ma bien-aimée, s'écriait Antoine, ébloui, que je ne vous touche pas et que nul ne vous touche, ah! demeurez inemployée! Beauté vierge que je ne puis épuiser, amour du milieu de ma vie, ô bonheur venu trop tard, éloignez-vous de moi! Sagesse de Jupiter, Jupiter que Gœthe à chaque aurore adorait, retenez-moi de ma folie ; que je ne touche pas à cette enfant. La douleur de Faust, la douleur de Faust elle est au centre de toutes les vies! Celui qui mille fois a enlacé le corps d'Hélène, il crie : « Encore! encore! toujours! Encore ma jeunesse, encore ma force, encore la beauté! » C'est pourquoi je te refuse, Élisabeth!... Allez-vous-en ; fuyez-moi, ma sœur, que j'attire sur mon cœur ; craignez-moi, perle dont la dense lumière m'écrase. Ce que je veux, hélas! moi qui veux te servir, c'est enchaîner, c'est attrister ton doux empire. La vie plus forte que l'amour, ma vie plus forte que l'amour! ce que je veux, c'est te dire : « Tu es tout, mais je suis le maître de tout... » Fuis donc ; ne connais du désir que ces songes voluptueux qui, la nuit, dans leur lit étroit, font frissonner les vierges jusqu'aux épaules. Tu es jeune, tu es trop jeune. Si je te dévoile le chemin secret, d'autres courront sur ce divin chemin. Je les vois, ils sont une foule. Oh! bien-aimée, soupirait-il, — le visage contracté jusqu'à mourir, — que ce soit moi qui conduise tes futurs amants, tes heureux, tes jeunes amants! Il y a sur la terre des adolescents qui seront beaux et qui du fond de leur destin viennent vers toi. La beauté, Élisabeth, la beauté! Ils seront beaux et tu trembleras sur eux, tu t'attacheras sur eux comme une plante avec des racines, pour goûter, pour boire, pour respirer la beauté... Choisis plutôt de mourir, suppliait-il ; sois une morte inviolée, une fleur lisse où nul plaisir n'a rampé ; il faut avoir honte du plaisir, ô reine! Le plaisir des jeunes hommes monte et descend sur l'orgueil comme une eau qui s'enfonce et ravine. Tu ne serais plus toi-même, ô unique, tu serais celui-là, et celui-là, et le souvenir de celui-là...

Mais la jeune fille, inclinée, chancelante, rose qui a reçu tout l'orage, d'une voix ivre et basse disait :

— Qu'importe? aimez-moi ; j'ai bu d'un vin trop fort, aimez-moi. Voici le jour du destin. Aimez-moi, aimez-moi, répétait-elle, comme quand le silence et l'angoisse des oiseaux, dans les nuits chaudes ; soupirent : « De la fraîcheur! de la fraîcheur! qu'un vent s'éveille, qu'un nuage s'ouvre, de la fraîcheur!... »

Antoine ne l'écouta pas, ne l'entendit pas. Il ne délia pas cette prisonnière. Ce fut leur nuit violente ; chacun enfermé chez soi se sentait assez de force pour détruire et refaire le monde.

Le lendemain tous deux se taisaient.

— Oui, soupirait Antoine quelques jours plus tard, vous ne pouvez savoir, Élisabeth, quelle noire poésie hante mon cœur ; la belle tasse d'or où j'ai bu, où vous buvez sans ménagement la vie, je la vois maintenant graduée : encore quelques centimètres du divin breuvage, encore un peu de ce miel, et ce sera, pour moi, fini ; hélas! mon amie, fini! Que nous sommes différents encore. Sur les tombes de San Miniato où vous couriez comme sur d'insensibles dalles, je me penchais lucide, attentif, et je pensais : « Morts, je suis maintenant plus proche de vous que de ceux qui vont naître. O morts familiers, ô ma famille indistincte, j'entends quel travail vous défait, encore quelques années et je viens! Mon amie, continuait doucement Antoine, — car il n'avait pour la jeune fille que de la gratitude, — vos petites mains, en serrant la mienne, ne peuvent m'entraîner dans ces ondes lumineuses où, ma chère âme, vous brillez. Vous êtes cruelle et divine, parce que vous avez vingt ans. Vous ne pouvez rien voir autrement que par vos yeux enivrés, toutes les créatures, moi, la douleur, et le mendiant si vous le rencontrez sur le chemin, vous apparaissent toujours légers, joyeux, vivants, mêlés à votre cher Cosmos. Mais moi, je sais maintenant le sens des mots profonds, je sais ce que veut dire le passé, le déclin et la fin, ce que veut dire l'ombre froide ; je sais les instants de la vie où, fatigué, s'asseyant entre son destin et la mort, également dégoûté, l'homme, avec stupeur, contemple son âme inerte et noire...

Mais chaque jour, chez l'étrange fille, la folie de vivre augmentait.

Antoine la vit qui s'émouvait d'une armée qui passe et chante et où tous les hommes ont vingt ans. Il la vit pleurer, pour des danses lascives et sauvages, dans un cabaret oriental où la salle grossière tremble et se pâme de désir. Il la vit jalouse d'une jeune femme étrangère qu'un amant furieux avait tuée dans la forêt.

Lorsqu'un soir il lui fit la confidence de sa naissance voilée :

— Ainsi, s'écria-t-elle, haletante, c'est cela, c'est donc cela!

Et, les mains contre les tempes, elle s'émerveillait d'être une fleur de Grenade née sur la tige royale.

— C'est donc cela, répétait-elle, victorieuse, en regardant en elle-même son ardeur, son obstination, sa violence, son impérieuse fierté.

Mais ce sang précieux n'expliquait point suffisamment à Antoine le miracle de son amie. Il la voyait plus diverse, plus belle encore que toute l'Espagne, dont il savait l'ocre torride et la fraîcheur, le goût de benjoin et de myrrhe, les matins roses de rosée. Elle-même, quand les forces de la nature l'enivraient d'un trop doux vertige, disait : « Je ne sais d'où je viens, où je vais ; parfois, au centre des jardins, j'entends chanter et glisser les veines universelles ; ce qui germe et ce qui meurt fait à mon oreille un bruit familier. Cybèle et Proserpine quand elles écoutaient la terre ont dû surprendre ce bruit... »

Ainsi Antoine la considérait comme la déesse féconde, et elle, orgueilleuse, penchait sur elle-même son culte naïf. Tous deux tremblaient de fièvre divine.

Mais un tel excès épuisait la jeune fille. Une maigreur de feu, semblait-il, un farouche étonnement du regard, et ce sanglot ininterrompu, qui de son cœur s'élançait dans le cœur d'Antoine Arnault, tarissaient sa vie délicate.

Bientôt l'atmosphère des jours lui devint inhabitable.

Lorsqu'ils furent de retour à Paris, tout l'ordinaire les étonnait : les conversations et les actes.

« Ah! pensait Élisabeth en s'isolant des vains propos de leurs amis, au-dessus, au-dessus, toujours au-dessus de tout cela! »

Antoine Arnault ne savait ce qu'elle voulait ; elle brûlait et pâlissait. Allait-elle défaillir? Que souhaitait-elle encore? Mais lui-même, instinctivement, du fond de son amour, souhaitait cela : qu'elle mourût. La passion a de ces douceurs! Qu'elle mourût, cette petite fille qui était là pour que l'univers eût sa nécessité, pour que les plus hautes montagnes songeassent : « Que faisions-nous? mais un instant nous nous sommes mirées dans son cœur... »

Martin Lenôtre, attentif, exigea pour elle du repos.

Alors ils quittèrent Paris, ils s'établirent, Antoine, Madeleine, Élisabeth, les petites filles, dans une maison silencieuse, pressée de roses, sur les beaux coteaux de la Seine.

Tout de suite, dans cette solitude, et ainsi qu'Antoine le désirait, l'âme de son amie se replia, vint s'appuyer contre lui.

Ce fut une vie champêtre.

A l'aube une voix d'oiseau s'élevait, et puis une autre, une autre, dans le pin léger, et bientôt cela faisait, au travers des persiennes baissées, tout un bouquet de chants d'oiseaux, un bouquet rond, un bouquet large, bouquet criant et vivant, inégal, haut et bas, tournoyant et vif dans l'aurore...

... Petits oiseaux qui vous contredites le matin sur les branches des arbres, qui mangez, qui buvez, qui avez tout notre cœur, c'est vous la plus pure poésie! Que l'on vous voie vivre, et l'esprit s'apaise ; âmes montantes, peuple entraîné vers le faîte, ailes! oiseaux! noblesse de l'air!... Dans le pli brillant et toujours renouvelé de ton cou lisse et sans repos, ô n'importe lequel des petits oiseaux divins, je mets mon rêve ; tes deux ailes pour mon rêve! vole ainsi vers les lignes blanches de l'infini, jusqu'au secret, jusqu'au silence, jusqu'au vide, où le vierge azur meurt de pureté!...

Élisabeth, inlassablement, au centre de ce jardin rêvait. Antoine la voyait si langoureuse, si méditative, si hallucinée, que parfois, au crépuscule, près du massif jaune et violet que la fin de l'été brûlait, il lui disait en souriant :

— Bien-aimée, quel bonheur attends-tu donc de la mélancolie?

Et, enivrée :

— Ah! répondait-elle, de mourir...

Mourir, mourir! ainsi elle voulait mourir!... Il l'avait donc conquise comme il le souhaitait, pour le lit profond et sans bord. Il l'avait donc si bien liée, cette rebelle, cette nomade aux pieds d'argent, cette danseuse de Grenade, cette Mauresque, cette Hellène dont l'argile étincelait, dont les lèvres semblaient salées du sel originel du monde, si bien liée, qu'à présent un jardin occidental lui suffisait, avec le cœur d'Antoine Arnault, avec le plaisir, avec la folie de mourir...

De quels perfides poisons l'irritable chasteté ne troublait-elle point leurs sens, quand, pour leur imagination, l'humble jardin fut un nombreux univers? Selon les heures du jour ils le virent mol, embrasé.

Le pin svelte et délié leur fut les coteaux de Gênes, le lent jet d'eau leur fut l'Espagne, et quand, au loin, sur la Seine, un noir remorqueur sifflait, ils se rappelaient, en soupirant, les paquebots du lac de Côme, dont le sourd et rauque appel, pendant les lisses journées, déplaçait et emmêlait le doux azur étagé.

Grisés par la chaleur du soir, sous le mystère des arbres chaque son les pénétrait.

— Ah! disait Élisabeth, ces ténèbres opaques, odorantes ; ces torpeurs, ces scintillements, ces cris, et mon cœur noir et ton cœur noir, n'est-ce pas, mon bien-aimé, le délire des nuits cinghalaises?...

L'hiver passa, enveloppé de cette flamme. Le printemps revint. Il naissait sur toute la terre, petit, léger, vert et droit. On entendait dans les bois un cri d'oiseau incessant, cri de printemps aigre, clair. Il semblait qu'il eût, cet oiseau, dans son gosier irrité, une petite feuille nouvelle du délicieux térébinthe. Il jetait son cri sans arrêt, comme pour encourager, dans le sol, les faibles fleurs enfermées. Ce cri dit à la jacinthe, à la jonquille, à la tulipe : « Encore un choc, un effort, percez mieux la dure terre ; élancez-vous, bientôt c'est l'air et le ciel, venez, je suis votre oiseau... »

Antoine était satisfait, il travaillait, il goûtait l'ardente pâleur de la jeune fille.

Les jeunes gens qui étaient ses disciples le visitaient, se tenaient debout près de lui, l'écoutaient. Il estimait peu leur ferveur, mais quelquefois il se plaisait dans la société d'André Charmes, son favori, un jeune homme oisif, élégant, de dédaigneuse et fine culture.

Élisabeth fuyait ces étrangers, et elle s'effraya le soir où Antoine Arnault, voyant s'obscurcir un orage de mai, retint André à dîner. Les jeunes gens, ainsi rapprochés, se regardaient à peine, s'évitaient, de loin causaient timidement, tandis qu'Antoine, inquiet, s'épouvantait d'entendre Élisabeth adresser la parole au jeune homme, et que, soudain, à les voir ensemble, plus jaloux qu'un père délaissé, il haïssait leur jeunesse.

En cet instant la jeune fille lui semble nouvelle! Il imagine mille frissons sur son innocent visage. Voudra-t-elle plaire à ce garçon léger, dans ce printemps humide et doux, ce soir, ou percevra-t-elle, avec un peu de reconnaissance seulement, le trouble de l'adolescent : trouble visible sur ce beau visage, dans ces mains claires et fraîches, dans cette respiration pressée?

Et la musicale voix lorsqu'il demanda à la jeune fille « vous connaissez l'Italie? » et que tous deux alors en parlèrent avec tant de regards et de lumière, qu'Antoine Arnault sentait s'abolir tous les plaisirs qu'il avait eus, lui aussi, au bord des rives chantantes!...

La soirée fut courte ; de bonne heure André se retira. Sur l'invitation de Madeleine, Élisabeth accompagna, au travers du jardin, le jeune homme. Et, Antoine des yeux la suivait.

Son cœur se broyait en lui.

« Ah! pensait-il, comme mon amie est vivante! Je ne puis pas arrêter sa douce vie. Orages des nuits de mai, senteur des verts orangers, soirs du monde, banjos et cithares, douceur de toutes les contrées, vous me prendrez mon amie! Elle a devant elle la vie : Hélas! serai-je longtemps son bonheur? Je ne puis plus lui donner ce que les femmes préfèrent : le commencement. Je puis lui donner le temps, l'infinie croissance d'un inépuisable amour ; je ne puis plus lui donner ce qu'elle préfère : la surprise, l'attente, le commencement, terres inconnues que l'on découvre, belles Amériques du désir...

Par la fenêtre, Antoine voyait Élisabeth, qui, solitaire, ayant reconduit le jeune homme, faisait lentement le tour de la molle pelouse. Elle s'arrêtait, haletait et reprenait sa démarche moelleuse, les mains tendues vers le fin égouttement du feuillage.

Lorsqu'elle revint dans le salon, d'un geste pieux et lourd, de toute la douceur de son rêve et de sa douleur Antoine Arnault l'attira. Elle respirait rapidement, chargée des aromes de la nuit. Lui la pressait contre son cœur. Comme elle bougeait, laissant glisser l'écharpe nouée autour de son visage, il osa la regarder ; il la vit, ah! toute pâmée : un de ses yeux était clair, l'autre foncé ; son nez se crispait s'ouvrait ainsi qu'un étrange sourire, et sa bouche semblait molle, desserrée, comme une rose sensuelle où l'amour a passé sa main...

— Hélas! qu'as-tu? sanglota-t-il.

Et elle, montrant derrière elle la nuit, les arbres, le silence blanc, l'immense gonflement du monde :

— Ah! s'écria-t-elle haletante, — nymphe qui a vu son dieu, c'est l'été! l'été! l'été!

D'un geste de haine ardente, Antoine l'écarte, la repousse. Chancelante, elle vient s'appuyer contre le mur. Et, comme innocente, les bras tendus vers son ami, implorante, effrayée, elle le regarde :

— Je ne te retiens pas de force, lui dit-il.

... Quoique Élisabeth ne parlât jamais d'André Charmes et qu'elle ne fût pas intéressée de la visite qu'il leur fit une fois et puis une autre fois, Antoine se torturait par le souvenir du jeune homme.

Si puérile que sa crainte à lui-même semblât, il ne pouvait ôter de son cœur l'angoisse qu'il avait eue. Il ne s'était jamais représenté les traits de son amie en profil sur un autre visage, et maintenant l'image était si vive et si perfide, et s'exagérait si âprement, qu'Antoine songeait : « C'est l'évidence. André Charmes ou un autre, qu'importe? Voici son compagnon. C'est à ce printemps que va son âme... »

Et, à la pensée que la vie d'Élisabeth n'était point close, qu'il y avait pour elle un long avenir, Antoine sentait son cœur se resserrer de dégoût et de douleur. Que pouvait-il contre ce qui dort d'impur dans le sang et dans le rêve des femmes? contre leur futur désir? Si lasses qu'elles semblent, chaque fois qu'elles aiment elles renaissent. Le long de la vie elles aiment.

« Elle aimera, songe Antoine Arnault, avec ces grâces douces, cet orgueil, ces élans, ces soumissions, ces révoltes que j'ai surprises dans ses yeux ; elle aimera ainsi jusqu'au jour où c'est elle qui sera l'aînée, où c'est elle qui tiendra les mains de l'autre, elle qui sera courageuse et grave, elle qui rêvera et qui donnera ; debout près du jeune homme alangui, le couvrant de sa belle ombre amoureuse, elle dira : « Tu es la vie, ô mon amour, tu es la jeunesse et l'azur, le parfum des vertes amandes! »

Mais voici qu'un feu l'exalte, que l'antique puissance d'Éros l'étreint, le vainc, le convainc. Hélas! ne le sait-il pas, lui-même, qu'honore-t-il, qu'a-t-il jamais honoré qui ne soit le désir? Désir, vertige profond, vacillement des regards, divin strabisme de l'âme! Ne lui a-t-il pas dédié tous ses livres? N'honorait-il pas la seule puissance du monde, le désir, quand dans le génie ne reconnaissant que la fièvre il s'écriait : « Hugo! Shakespeare! inépuisables et magnifiques, Velasquez, héros du désir! et vous, Richard Wagner, qui composâtes votre suprême Tristan au milieu de telles ardeurs, d'un tel triomphe physique, qu'au thème de la mort d'Yseult nulle femme ne s'y peut tromper, et par vous reçoit son amant dans son cœur!... »

Alors la jeunesse d'André l'attendrissait, il eût voulu lui dire : « Vous commencez la vie, vous ne savez point encore comme elle est belle, ô mon ami! j'ai achevé ma course et je meurs, voici le flambeau... »

Il se rappelait avec douceur la timidité du jeune homme, le cours délicieux et contracté du sang, l'intensité naïve, l'éternel charme de Daphnis.

Et puis aussi il riait de son inquiétude et de son ton paternel, car lui-même n'avait que trente-neuf ans, c'est la jeunesse encore, la force, le plaisir ; mais c'est déjà le temps compté, les beaux jours, les belles nuits limités, et l'attente affreuse de l'heure où il faudra que l'on pense : « Je n'ai plus toute ma royauté. »

Au moment de minuit, quand la tiède maison dormait, et que, selon son habitude, Antoine s'accoudait à la fenêtre, et dans la libre nuit contemplait la lune qui voyage, déjà il ne disait plus à l'univers assoupi, comme il faisait à vingt ans : « Levez-vous, Aurore désirée! » L'aurore, les lendemains, il n'y pouvait songer. Il pleurait. Sa vanité le faisait souffrir comme des os rompus qui dans la mollesse de la chair pénètrent.

Lassé de la gloire, lassé de l'orgueil, il méditait sur l'amour ; les mains jointes, soumis comme devant un dieu, il songeait que moins encore que le soleil et la mort l'amour ne peut se regarder fixement. Il est la splendeur éternelle. On ne peut l'exprimer ; c'est le miracle qui bouge. Des humbles minutes du jour il fait d'éclatantes fusées. Il est soudain, furtif, immense, parfait, secret et théâtral...

Ainsi songeait Antoine Arnault.

Alors, celui qui avait tant lutté, qui dans la nuit de Florence avait refusé son bonheur, qui était pur et fier de lui, qui servait bien sa raison, courut vers la volupté.

Secrètement, furtivement, pendant les journées d'été, quand l'azur est pareil à un diamant bleu aveuglé de scintillements, quand au travers des persiennes baissées, mobiles comme un lourd éventail de bois, les douces ondes du soleil entrent dans les chambres, se suspendent, se balancent, chauffent, ainsi que des espaliers, les frivoles naïves tentures, — dans ces chambres, parées de divine tristesse, Antoine Arnault pressait, étreignait son amie. Elle appuyait contre lui son front charmant, pliait sa tête sous les caresses de ses mains.

Le silence régnait. Une à une, glissant des cheveux de la jeune fille, les épingles d'écaille claire, sur le luisant parquet, faisaient un bruit sec, un bond, une courte lueur.

Dans sa douleur, sa stupeur, sa fatigue profonde, Élisabeth percevait que le violent désir des hommes est le mystère et la vie, et la raison de la vie. Quoique torturée par la pensée de sa sœur, et subissant ce secret instinct, cette loi farouche qui veut que l'être parfait demeure solitaire, elle retenait, en s'enivrant, son ami.

Aux instants du crépuscule, le jour qui descend glissait, sur les meubles bas, sur le parquet, ses ailes abattues, sa blanche palpitation. L'étonnante immobilité de l'heure rêvait comme une cloche silencieuse. Par les fenêtres entraient d'étranges parfums qu'on eût voulu repousser, car ils augmentaient la langueur. Foule invisible des parfums d'été, qui vous réunissez sur une âme et prenez tout son terrain...

Au loin, sur la pelouse, en dehors du jardin, Madeleine, avec des gestes de repos, était assise dans les longues herbes et les deux petites filles jouaient. De la fenêtre de la chambre, Antoine les voyait, surveillait leur retour.

Lorsque Antoine et Élisabeth se taisaient, ayant échangé leur cœur, il leur semblait, non que quelque chose du désir humain s'achevât mais qu'un délire commençât dont le secret et la science ne sont point trouvés, et ils frissonnaient d'au delà.

Quelquefois aussi Élisabeth éprouvait la solitude, la grande mélancolie, l'impatience des jeunes êtres, qui, brusquement désintéressés du présent, prévoient pour leur longue vie d'autres formes de l'aventure et du bonheur. Et d'autres fois tous deux se serraient l'un contre l'autre, mystérieusement affligés, réunis pour goûter la brève vie et l'éternelle mort, humbles, inquiets, comme, on voit, dans la légende, le premier homme et la première femme sous le nuage qui porte Dieu.

Antoine arrachait Élisabeth à ces émotions de l'âme.

— Sentez-vous, lui demandait-il, sentez-vous que toute la vie, toute la force, tout le rêve aboutissent à la volupté? Il n'est point de spectacles qui n'y conduisent. Rumeurs, émotion des foules, hâtes, départs, nuit noire avec des feux rouges, paniques, tapage et cris dans les gares, ports étincelants où tous les bateaux se balancent et rêvent à de lointaines Guinées, vous recomposez le plaisir!...

Penché avidement sur son amie :

— N'est-ce pas, tu sens, lui disait-il doucement, tu sens au seul mot de volupté ton âme fondre aux plus douces places de ton rêve, comme un ruisseau qui court vers le printemps?...

Et la jeune fille défaillante ne répondait que par ses yeux fermés.

O désir surchargé de désirs! goûtait-elle bien de tout son esprit renversé, ce qu'il y a d'équivoque, de discord, de strident, ce qu'il y a de double et de triple, de pareil à la tierce, de pareil à l'arpège dans le désir!

Mais alors Antoine la repoussait :

— Ah! disait-il, ne demeure point ainsi, que je ne voie plus ta fièvre, ta langueur, ton divin visage ; ce n'est pas moi que tu aimes, ce n'est pas moi seulement...

Et comme, offensée dans sa passion, dans sa complaisance même, elle sanglotait, sur le ton du plus lourd reproche :

— Oh! mon amour, mon amour.

— Ah! interrompait Antoine, tais-toi! un homme passe, il te regarde, il t'appelle ; de ses mains il surprend tes douces jambes, c'est cela l'amour!

Les doigts appuyés sur son cœur elle allait s'évanouir ; mais lui la regardait encore avec colère, et du fond de son âme il pensait : « C'est votre faute, voyez où je suis, je vous demande de me comprendre, de considérer ma douleur, de goûter un peu à ce fiel... »

Puis il se jetait sur ce tremblant visage, couvrait les yeux, les cheveux, de tant d'aveux, de secrets, de chuchotements, de tant d'ardeur et de fureur, qu'ensuite la jeune fille lui semblait impure ; et, le soir, il eût souhaité crier à ses petites filles venues jouer auprès d'elle : « Ne la touchez pas! »

XVII

Une fois que, dans un fauteuil, Élisabeth s'était endormie, brûlante et fatiguée, elle apparut à Antoine si faible, si menacée, que, le cœur haletant, le lendemain de bonne heure il courut chercher Martin Lenôtre.

Mais, lorsque Martin fut là, et qu'Antoine vit Élisabeth, du fond de son tiède lit, tendre une main qui se hâte, il haït son ami et son amie.

Il ne pouvait supporter la présence de Martin dans cette chambre de malade, douce comme une estampe du XVIIIe siècle quand le lit, le broc de tisane, le bougeoir, et la pâleur sur l'oreiller sont plus voluptueux qu'un bosquet de roses. Ah! comme la faiblesse d'Élisabeth le rendait jaloux. Faiblesse pathétique, toute proche du sanglot, et vers qui se tendent les bras, le secours, le doux sadisme des hommes. Faiblesse qui ressemble à l'amour ; qui se courbe vers de romanesques lits. Les jeunes femmes mourantes et fatiguées n'appellent-elles pas vers elles, des dernières forces de leur vie, tous les plus jeunes héros, et ce regard d'Élisabeth, faible et qui bouge, et qui n'a plus de résistance, n'est-il point ouvert pour toutes les volontés, pour tous les désirs des hommes? Martin même, quand il la regarde, l'émeut-il? elle semble hypnotisée. Elle ne s'en va pas, elle reste, elle se penche, elle semble plier et pleurer. Profond instinct des malades, voix puissante de la génération!

Tout le jour Antoine l'observe : elle brûle d'enthousiasme, elle a cette bouche pathétique, passionnée et langoureuse qui semble modelée par la musique. Une lueur profonde vient de son regard, et quand elle écoute, quand elle répond, c'est avec toute son âme ; Antoine la trouve belle et se défie d'elle. Quelle sécurité peuvent inspirer encore celles qui savent leur puissance? Ce que l'homme ne possède jamais complètement, son orgueil, son âme, la gloire, le rêve qu'on se faisait d'un soir de juin à la villa d'Este, il s'en empare un instant et le touche sur la beauté des jeunes femmes bien-aimées. Et elles, qui savent que leurs cheveux, leurs yeux, leur bouche donnent l'extase, qu'on s'approche d'elles, qu'on rêve sur elles, qu'on les goûte, comme on goûterait une ville d'Orient resserrée, qui a sur un même point ses jardins et ses citernes, son arc de triomphe et ses places glorieuses, son aube, ses couchers de soleil et son chant désespéré, — elles qui savent cela, même fatiguées, même malades, même mortes, elles accueillent, bercent et retiennent la mélancolie d'Adam... Aussi lorsque Martin semble s'inquiéter, lorsqu'il s'effraye à l'auscultation du cœur délicat de la jeune fille, Antoine lui dit :

« Tu la connais, demain elle guérira, elle chantera, elle s'éloignera de nous... »

En vain Martin affirme qu'un défaut profond, dans cet organisme passionné, rend cette vie fragile, Antoine ne l'entend point, il est tout occupé à lutter contre Élisabeth. Et, en effet, elle devenait capricieuse, irritée par la maladie.

Quelquefois, quand Antoine s'approchait d'elle avec des mains langoureuses et ce regard où l'âme s'enflamme et s'augmente, elle le repoussait, lui reprochait sa tendre ardeur ; et d'autres fois, quand il se taisait et lui tenait doucement les poignets, elle regardait l'espace devant elle, soupirait, se croyait abandonnée, et cherchait, semblait-il, quelque autre héros qui répondît à son délire.

Un jour qu'il lui lisait son plus cher ouvrage, le livre qu'il achevait et où elle était glorifiée :

— C'est peu de chose, mon ami, dit-elle ; si j'avais raconté mon âme, si j'eusse écrit comme vous, mon cœur eût changé la face de la terre...

Et, tenant la main contre son cœur, elle s'écria, comme l'auteur même de *Parsifal* :

— Quelle musique cela devient!...

Pourquoi Antoine l'eût-il épargnée quand elle était là qui emplissait, qui torturait sa vie? Le soir, lorsqu'elle entendait Madeleine jouer au piano le beau *Carnaval* de Schumann, fête bariolée, lourde, étincelante, où passent cent figures de la danse et du désir, elle s'éclairait d'un tel espoir qu'Antoine avec dureté lui disait : « Ne rêvez pas ». Mais elle rêvait, elle ouvrait son âme à toutes les armées de la vie...

Musique! hôte total, qui envahissez sans qu'on discerne, qui promettez plus que l'amour!

Pour fuir une présence dont toute la grâce le blessait, Antoine se promenait seul, par les oppressantes journées qui marquent la fin de l'automne.

Un après-midi de novembre, errant ainsi sous la pluie, visitant les provinciales cités de la Seine, il entra dans un petit cimetière dont la douleur l'attirait. Le saule et le buis trempaient d'humidité et de langueur ce séjour des morts. Ah! le romanesque des morts, ce feuillage funèbre, ce silence, cette terre soulevée et mouillée. Les morts! Antoine contemplait, le cœur brisé, ce peu de chose, ce rien, ce vraiment rien que sont les morts. Petit cimetière en désordre, où le ménage n'est point fait, où les morts ont à souffrir d'oublis et de négligences, parce que, d'abord, il faut servir les vivants!

La tristesse, la douleur suintaient de la terre bondée, du feuillage lyrique et penché, du mur moussu et fendu, des couronnes qui survivent aux regrets, des vases, des pots renversés. Et Antoine Arnault, à force de folie, se mettait à jouer, à rire. « Puisque ce n'est rien, pensait-il, puisque c'est le néant et rien, puisque c'est au fond ridicule et révoltant, puéril et médiocre, quelle gravité me tient ici courbé, plus empli de rêves que devant un cercle de dieux?... »

Et voici qu'il eut l'idée d'Élisabeth. Et il frissonna comme un esprit qui ne savait pas comme Adam à qui on montre la mort.

Violemment il arracha cette image de sa pensée ; mais en rentrant chez lui, dans la douceur de ce soir-là, il demanda à Élisabeth, avec une voix si tremblante qu'elle en fut surprise :

— Est-ce que vous vous ennuyez, petite?...

Elle répondit que non, qu'elle ne s'ennuyait pas auprès de lui ; mais il lui demandait encore si elle ne voulait rien, si elle ne voulait pas se distraire et causer, si elle ne voudrait pas voir quelquefois André Charmes...

Et elle, gênée, ne savait que dire à Antoine ; elle l'avait vu si troublé pour deux lettres qu'elle avait reçues du jeune homme qu'elle murmura :

— Je ne sais pas ; j'aurais peut-être voulu causer quelquefois avec lui, il est intelligent, il m'a fait de jolis vers, mais je crois que cela vous fâche...

Et il s'écria avec tant d'ardeur, d'étonnement et de sincérité : « Comment puis-je me fâcher pour cela, mon amie? y pensez vous!... » qu'Élisabeth ne sut point si Antoine en cet instant était sublime ou s'il était un peu comique.

Et elle le regardait de côté, avec défiance, comme un fou, mais il l'avait aimée, en cette minute-là, d'une manière qui avait arraché en lui son âme...

Il laissa revenir André. Il ne s'opposait pas à ce qu'Élisabeth et le jeune homme restassent ensemble ; il quittait la pièce et revenait avec un même impassible visage.

Sa jalousie étendue au delà des limites ne recherchait pas de cran. Son désespoir infini renonçait. Quand le cœur n'a qu'une certaine somme de détresse, il agit ; mais celui qui a toute sa détresse, il s'en remet au destin.

Antoine redoutait Élisabeth. Il ne croyait plus rien d'elle. Lorsqu'elle disait oui, ou non, pourquoi aurait-il cru que c'était cela? Les enfants mentent, les femmes mentent pour éviter les reproches, et leur visage ne perd pas de sa candeur : le mensonge c'est une sincérité que l'on a avec soi-même. Quand Antoine se fût trouvé sans cesse sur le chemin des jeunes gens, pouvait-il empêcher que leurs lèvres, sous ses yeux mêmes, ne préméditassent le baiser? pouvait-il empêcher qu'Élisabeth ne désirât le jeune homme, que par l'esprit elle ne l'absorbât, et qu'ainsi elle ne mêlât à son rêve et à son sang ce délicieux fruit humain?

Il les laissait ensemble. La lassitude qu'éprouvait Élisabeth lui rendait sensible et gracieuse la chaste présence d'André.

Et Antoine voyait bien ce que pouvaient être ces entretiens : séances de légers discours, où l'adolescent veut étonner, où la jeune fille veut éblouir. Mais que cette pureté fût évidente, il ne s'en réjouissait même pas.

L'hiver passa ainsi. Le soir de mars où André Charmes annonça qu'il partait pour Constantinople, ses parents le destinant à la carrière diplomatique, Antoine s'effraya. Comment Élisabeth, fragile, malade, maintenant il le voyait, supporterait-elle l'absence de ce délicat compagnon?

Et la dernière soirée que les jeunes gens passaient ensemble parut à Antoine Arnault si insignifiante, qu'il s'irrita d'avoir tant souffert par eux. Ils n'étaient pas même émus, semblait-il, autant que de nouveaux fiancés qui se sont promis leur âme, et qu'un destin cruel sépare.

Comme il ne restait plus que quelques moments avant les adieux du jeune homme, Antoine prit plaisir à les quitter, à supposer leurs mièvres propos, leur malaise, leur embarras.

Il faisait clair encore dans la pièce par ce crépuscule de mars. Élisabeth regardait André, et elle souriait de penser qu'en lui disant adieu elle pourrait serrer plus fortement la main du jeune homme, ce qu'elle n'avait jamais fait, car tous deux étaient timides.

André parlait, il parlait de l'Orient, de Constantinople ; et Élisabeth regardait les lèvres et les dents, le sourire charmant, attirant, luisant ; elle trouvait émouvant que ce sourire, étant si délicieux, durât ainsi, qu'il fût en même temps un moment rapide de l'être et sa structure même. Elle s'amusait de ce qu'André lui plût tant.

Elle était assise en face de lui et leurs regards s'avançaient.

Que se disaient-ils? Rien, ils se voyaient pour la première fois...

Puis elle entendit la voix d'Antoine dans l'escalier, il montait, il allait venir, il allait entrer, il n'y avait plus qu'une minute pour elle...

Alors, avec la force directe du regard qui s'empare de l'objet qu'il a choisi, elle se leva, et, appuyant ses deux mains sur les épaules du jeune homme jusqu'à sentir et presser les os, féroce comme l'époux quand il attire et quand il marque, elle le baisa sur la bouche...

Et elle sentit que bondissaient en elle une violence et une puissance pareilles à la Muse de Wagner, bacchante terrible qui parcourt tous les sommets de la musique en criant à son invisible amant : « J'ai faim de toi, j'ai soif de toi, j'ai soif de toi, j'ai faim de toi... »

Antoine approchait, il ouvrit la porte.

— Ah! revenez, — lui dit Élisabeth en souriant doucement, — est-ce son départ? mais lui et moi ne savons plus quoi nous dire...

Et André se levait, comme il faisait toujours, respectueusement, dès qu'il voyait le maître qu'il admirait.

XVIII

Un azur plus doux que des lacs, plus beau que l'idée qu'à seize ans on se fait de la Grèce, entrait dans la chambre où Élisabeth mourait.

Antoine Arnault auprès d'elle ne pensait à rien. Il avait les yeux fermés. Ceux qui, en Orient, meurent les veines ouvertes doivent connaître cette langueur et ce délire. Il ne voyait pas et n'entendait pas.

Martin Lenôtre tenait les mains de la mourante.

Elle le pria d'ouvrir davantage la fenêtre. Comme Gœthe, qu'Antoine Arnault avait tant aimé, la jeune fille qui mourait demandait plus de lumière…

Dans son cerveau pâle et brisé elle comprenait que la vie finissait, elle n'avait pas très peur, parce qu'elle souffrait. Elle s'étonnait de finir.

Le soleil entra ; elle vit le jardin, et comme ses douleurs cessaient, une présence affreuse de l'âme envahit le corps épuisé. De toute sa force elle vécut.

Elle vécut avec une mélancolie surhumaine, une mélancolie plus sourde, plus impitoyable qu'un bourreau, avec la mélancolie des morts, ce que peut être la fin des choses, la fin de vivre à vingt ans.

De sa maigre main elle comprimait son cœur effrayé. Elle comprimait son cœur et regardait la vie et les derniers bruits de la vie. Ses pensées oppressaient son visage et l'infinie pitié sur elle-même regardait par ses fixes yeux.

Ainsi elle mourait faiblement, par une journée lente et traînante, dans l'odeur de l'éther vague, du pavot, de la valériane, cette âme qui avait en soi de quoi briller comme un héros, comme Jeanne d'Arc, quand elle crie, debout sur ses étriers ; comme Yseult terrassée d'amour et qui chante ; qui eût souhaité mourir ivre d'orgueil et de multitude, dans une salle où éclate, en se rompant les veines, l'ardente orchestration, et tandis que six cents voix jetteraient avec elle son dernier soupir…

L'odeur de l'éther mettait un goût de sucre, de folie et de crise, une inépuisable langueur dans cette dolente pièce.

Élisabeth se représentait-elle bien ce que c'est que la mort ? Quelque chose d'épouvantable et d'ordinaire, qu'on n'essaye pas, qu'on ne voit pas deux fois, qu'on va connaître et oublier : quelque chose qu'on ne peut pas éviter, qui est là, tout près, qui vous attend, qui avance, un obstacle glauque et morne, où l'on se cogne, où l'on tombe…

L'odeur de l'éther était si forte qu'Élisabeth ne rêvait pas à son aise. Elle sentait bien que c'était l'éther, qu'elle était dans une chambre de malade, et puis elle l'oubliait encore et elle rêvait à des jardins divins ; sur un petit chant, sur deux notes elle parlait de ces jardins : jardin Julia, jardin Melzi, Sommariva, Serbelloni... Mais ses pensées se déformaient, et un malaise inconcevable, une nausée forte comme la mort, enfin déjà la mort, déjà, envahissaient les beaux jardins.

Quoique Antoine Arnault perçût cette plainte monotone avec un religieux et terrible amour, il ne put s'empêcher, à un moment, de poser sa main contre son oreille ; et, noyé de douleur, il comprit, une seconde, que l'endurance auprès des malades bien aimées n'était pas infinie.

Par la fenêtre ouverte on voyait monter le printemps. La jaune lumière du jour glissait son miel inépuisable, et toutes les gazelles bleues de l'air bondissaient joyeusement.

Sur les petits arbres d'avril c'est à peine le feuillage, mais des houppes, des flocons, et d'un vert inespéré! un vert de soleil fondu dans du liquide ivoire vert...

Élisabeth maintenant respirait plus doucement.

Quelles sensations ont les mourantes?

Voient-elles les beaux paysages de leur voluptueuse vie? Les matins, gais comme des promesses ; une petite baie d'azur pâle, un soir d'été, où se balance une barque amarrée, rêveuse comme une indécise amante?

Voient-elles le bel hôtel de Milan, sous les arbres orgueilleux, et le plaisir de porter, au milieu des étrangers, une âme qui a son amour? Voient-elles le moment où le bonheur commençait, où l'on pense « C'est pour toujours... »? Évoquent-elles les chaleurs de Venise, le verre d'eau froide au café des Esclavons, le bruit doux du bateau qui partait pour Fusine? Et plus loin, dans leur enfance, se rappellent-elles l'aurore et ses chants d'oiseaux? les couchers du soleil rouge, qui en août tombait d'aplomb sur les vignes de Montreux?

Imaginent-elles les doux endroits de la terre qu'elles ne connaîtront jamais? les futures jeunes filles qui trembleront d'espoir sous le pesant feuillage, où des insectes phosphorescents font la lumière, dans un beau soir des Baléares?

Imaginent-elles l'arrivée au port de Malaga, par un ciel orange et vert, les quais encombrés d'ardeur, lourds de goudron et de vins, et le plaisir pour les belles voyageuses, dans la foule des indigènes, des marchands, des matelots, d'éveiller soudain, par un sourire furtif, sur un fort et brutal visage l'audace et la convoitise?...

L'agonie se prolongeait. Antoine, à un moment, regarda sa montre, et il eut, comme une pensée nette et dure, le sentiment que le temps était lent, qu'il était de meilleure heure qu'il ne pensait. Il dit d'un ton naturel : « Tiens, il n'est que cinq heures », mais il n'avait pas l'air vivant.

Quoiqu'elle mourût de larmes, Madeleine, comme elle ne pouvait rien et qu'on l'appelait, dut aller faire jouer les petites filles.

Élisabeth remua sur l'oreiller son pâle visage, regarda la fenêtre claire.

… Ah! c'est le divin printemps! Tout l'air mobile brille si fort que les aiguilles vertes des pins semblent enfilées d'argent! Est-il vrai, Élisabeth, que vous puissiez mourir? Voici le printemps! Il est comme je vais vous le dire, et beau comme s'il naissait pour la première fois : c'est l'immense mythologie! Par les doigts blancs des déesses toute la terre est soulevée, et voici la pâquerette, l'ovale et jaune jonquille, la jacinthe en sucre tissée, les lilas, longues boules d'odeur.

Étendant sur le ciel bleu sa verdure subtile et délicieuse, la branche large du cèdre semble une fougère géante pressée sur un herbier divin…

L'azur est aujourd'hui si fort, que si on le regarde longtemps il aveugle ; il crépite, il tourbillonne, il s'emplit de vrilles d'or, de givre chaud, de diamants pointus, radieux, de flèches, de mouches d'argent…

Il est tel que l'on n'a besoin de rien pour être heureux, ni de la musique, ni d'un bel espoir ni de son amant. On est heureux, parce que le ciel descend jusque sous nos pieds et nous élève dans la nue.

Vous, sous la terre, Élisabeth, serez une morte voilée. Ah! que vous avez cherché la vie! Petite fille on vous voyait poursuivre des parfums dans l'air pour leur dire : je vous aime.

S'il fallait que votre être rendît à la nature exactement ce que vous avez pris d'elle, toute une moitié de votre âme retournerait à la rose.

Dans le jardin, sous vos fenêtres, un petit cerisier fleurit.

Vous serez morte, Élisabeth, vous dont le regard brillait d'amour à l'aurore, quand, de la baie bleue d'Antibes, vous voyiez se lever sur les Méditerranées l'île de Corse flamboyante…

Vous avez respiré l'espace avec tant de profonds élans que toute votre chair reste pénétrée d'aromes. Vous fûtes une telle créature humaine, que dans votre cœur vous asservissiez le monde, et la lune du soir était une de vos suivantes, et l'aurore votre demoiselle d'honneur. Mais un petit cerisier qui fleurit est plus éternel que vous.

Voyez-le, tout couvert de ses blanches fleurs, innocent, aveugle et doux, il est la vie et la vie…

Peut-être, Élisabeth, serez-vous un petit cerisier blanc. Ah! que l'air est las, ce soir, il tombe comme un châle de soie dont on ne tient plus les bords. Peut-être serez-vous un petit cerisier blanc. Vous aurez plus de trente fines branches qui joueront avec la nuit. Être un arbre blanc dans la nuit c'est toute la poésie...

L'air de la nuit brise de tristesse les vivants, il est secret, étrange, humide, plein de mystères et de signes, mais il est familier aux morts, il est agréable aux feuillages. Les morts et les arbres n'ont pas peur la nuit...

Et si, dans cet air noir des nuits d'été, parfumé de frais tilleul, de vanille, de laurier, il passe un chant de jeune homme, une de ces chansons langoureuses, par lesquelles, sur la douce terre, on aime, — car, vous le savez, on aime par les chansons et les nerfs, par les parfums et le sang, enfin par la volupté, — s'il passe une de ces chansons prenez-la, elle est pour vous ; ah! mieux que le rossignol, le passionné rossignol, plairont à votre ombre tendre des cris que jettent le soir les sensuels jeunes hommes...

Dans la chambre, la vieille gouvernante d'Élisabeth, qui depuis le matin pleurait, s'arrêtait de pleurer, commençait à s'habituer ; depuis quatorze heures que durait cette agonie, elle acceptait la fin de son enfant, c'était une chose qui ne l'étonnait plus, qui s'établissait, qui allait vers l'avenir.

On percevait les bruits habituels de la maison, les portes, et le rire des enfants. Antoine Arnault ne bougeait pas. Autour du lit de la jeune fille Martin Lenôtre était actif et adroit, occupé comme un ouvrier, et par moments il s'asseyait et paraissait attendre.

Le ciel changeait. A huit heures il y eut une bourrasque de pluie. Élisabeth regardait du côté de la fenêtre : dans le pin luisant d'eau un oiseau s'effrayait ; le vent balançait la branche et l'oiseau. La pluie entrait, Martin se leva et ferma la fenêtre.

Vers neuf heures du soir Élisabeth poussa un calme soupir. Antoine ne semblait point avoir compris.

Comme Élisabeth était morte ce soir-là, Antoine Arnault mourut quelques jours après ; ainsi il lui témoignait son amour.

Mais comment put-il jamais lui témoigner son amitié, qui était au-dessus de son amour...

FIN

Milton Keynes UK
Ingram Content Group UK Ltd.
UKHW030910151124
451262UK00006B/853